中国『慰安妇』真相

苏智良◎著

侵华日军暴行史研究

南京出版社
南京出版传媒集团

图书在版编目（CIP）数据

中国慰安妇真相/苏智良著. --南京：南京出版社，2016.12

（侵华日军暴行史研究）

ISBN 978－7－5533－1613－0

Ⅰ.①中…　Ⅱ.①苏…　Ⅲ.①军国主义—性犯罪—史料—日本　Ⅳ.①K313.46

中国版本图书馆 CIP 数据核字（2016）第 282763 号

丛 书 名：侵华日军暴行史研究
书　　名：中国“慰安妇”真相
作　　者：苏智良
出版发行：南京出版传媒集团
南 京 出 版 社

社址：南京市太平门街 53 号　邮编：210016
网址：http://www.njcbs.cn　电子信箱：njcbs1988@163.com
联系电话：025－83283893、83283864（营销）　025－83112257（编务）

出 版 人：项晓宁
出 品 人：卢海鸣
责任编辑：朱天乐
装帧设计：王　敏
责任印制：杨福彬

制　　版：江苏凤凰制版有限公司
印　　刷：常州市武进第三印刷有限公司
开　　本：787 毫米×1 092 毫米　1/16
印　　张：8
字　　数：150 千
版　　次：2016 年 12 月第 1 版
印　　次：2024 年 11 月第 3 次印刷
书　　号：ISBN 978－7－5533－1613－0
定　　价：30.00 元

用微信或京东APP扫码购书

用淘宝APP扫码购书

营销分类：历史

编 委 会

序

"慰安妇"——军队性奴隶，日军在第二次世界大战中推行的现代性奴隶制度，是20世纪人类的灾难和耻辱。

这本小书是从大量的史料和问题中挑选出来的一些要目，并配以图片相互印证，以求读者诸君在读了本书后，对"慰安妇"这个既旧又新的问题，有一个大致的了解，并进而对20世纪这一段苦难历史有一个回顾。

"慰安妇"这血淋淋的历史已经过去70多年了，当年青春少女的原日军"慰安妇"，现在大多已离世，幸存的都已白发苍苍，风华不再。随着这段历史的远去，随着战争的远去，今日年轻的一代，对于"慰安妇"、三光政策、南京大屠杀等，越来越感到陌生、隔离和朦胧了。正生活在幸福的和平岁月里的人们，他们忙碌于事业、家庭、赚钱、炒股票和享乐之间，几乎没有什么时间去提到过去的战争，更不可能去提到"慰安妇"。没有经历过战争的苦难，也使得相当一部分中、青年们很难去历史地理解"慰安妇"问题。当然，人们更不愿意放下到处都是的快乐，去体味70多年前带着血腥味的"慰安妇"的惨绝人寰的苦难。甚至有些年轻人会想到：70年多前的战争，与我们会有什么关系吗？还有什么必要再去关注一件不会再发生的事呢？

献给读者诸君的这一本小书，正是希望用"慰安妇"这一我们民族近代史上苦难的一页，来唤醒当代中国人的痛苦记忆。除了咀嚼和体味之外，我们更应思考：抗日战争时期的中国一败再败的根源是什么？为什么在日占区有那么多的中国人会媚敌、卖国？如果当下的中国人不能作出理性的思考并求得答案的话，过去的历史未必不会重演。

日本兵今村守之在松江一个日军慰安所前拍摄的照片，取名“慰安所外”

（《解放日报》2015 年 7 月 6 日）

就在本书初版即将付印之际，东瀛又传来一连串的丑闻和右翼的张狂表演。2000 年 1 月 14 日，日本静冈县立大学的全体留学生严正交涉，要求校方彻底调查该校国际关系系的教授大义正美，竟然因中国留学生对他美化日本侵略中国意见表示异议而进行迫害。1 月 21 日，日本高等法院驳回东史郎的上诉，仍认定东史郎犯有“损害他人名誉罪”，公开为否定南京大屠杀的右翼分子开脱罪责。同一天，在荷兰举行“人性与爱”全球巡回画展的旅美画家李自健被告知，由于日本人的强烈反对，其代表作《南京大屠杀》不得不被撤展。1 月 23 日，日本右翼公然在大阪国际和平中心举行否定南京大屠杀的集会，竟无耻地宣称“南京大屠杀是 20 世纪最大的谎言”。

这一系列的事件表明，所谓的“自虐史观”正在向日本的民间渗透；表明关于战争的责任问题，既是一个历史问题，也是一个现实的政治问题。在日本，近年来不断膨胀的右翼势力，一心要掩盖“慰安妇”、南京大屠杀等侵略罪行，摆脱日本战后的各种制约，重温“大日本帝国”的迷梦。对于右翼分子的这些日益猖獗的举动，我们必须保持高度警惕。

苏智良

目　录

"慰安妇"就是日军的性奴隶

"慰安妇"一词,在中国几乎已家喻户晓了。不过它本来不是汉语名词,而是日本语中特有的名词,其发音为 Ianfu。日本最权威的日语辞典《广辞苑》第 2 版解释说:"慰安妇是随军到战地部队慰问官兵的女人。"①该辞典的第 3 版释文更加简单:"慰安妇"是"慰安战地官兵的女性"。②

对此,人们必然要问,"慰问"、"慰安"的内容是什么?"慰安妇"的性质是什么?这些女性"随军"并向军人提供"慰安"是自愿的还是被迫的?显然,《广辞苑》回避了这些实质性的问题,模糊了"慰安妇"一词的真正含义,它的释文根本无法让人们了解"慰安妇"的性质,无法理解日军与"慰安妇"制度的关系,无法知道"慰安妇"被强迫受到来自日军的残酷无比的性虐待。

笔者给"慰安妇"作一个定义:"慰安妇"是指第二次世界大战时期,被迫为日本军人提供性服务、充当性奴隶的妇女,是日本军队专属的性奴隶。

在日语中,"慰安妇"常常被称为"从军慰安妇",或者"随军慰安妇",尤其是 1973 年千田夏光著的《从军慰安妇》一书出版后,该词被广泛使用。这里,"从军"和"随军"的说法,容易使人误解为"慰安妇"似乎与"从军记者"、"从军护士"等一样,是自愿随军到战地去服务的成员,因此,"从军慰安妇"等概念,并不能反映"慰安妇"与军队的密切关系和军队性奴隶的实质。

同样,"慰安妇"一词也带有很大的欺骗性。因为,"慰安妇"的实质是日军的性奴隶,而"慰安妇"一词是作为加害者一方的日本政府、日本军队、日军官兵所采用的语言,正因为如此,至今亚洲各国的很多受害者,仍坚决反对使用这一名词。

"慰安妇"一词还常被一些不知内情或者是别有用心的人翻译为"军妓",英文为

---

① 《广辞苑》,岩波书店 1978 年版,第 62 页。

② 《广辞苑》,岩波书店 1983 年版,第 96 页。

The Comfort Women。严格而言,"慰安妇"与军妓是有根本性区别的,这一区别甚至是不容混淆的。在世界军队史发展上,有不少国家实行过军妓制度。在第一次和第二次世界大战中,一些参战国为了稳定军心、鼓舞士气,也曾实行过军妓制度。应征入伍的女性,大都是为贫困和生活所迫而做了无奈的选择,或者是妓女应召成为军妓,带有商业交易的性质。但是,这与日军在亚洲国家强征妇女充当性奴隶的"慰安妇"是两回事。

日本军国主义强迫中国大陆、台湾,朝鲜、东南亚各地和少数白人妇女充当军队的"慰安妇",这与自愿成为军妓显然有本质的不同,前者是在日军的刺刀下被强行逼迫的结果,是日军有组织、有计划强征或骗征的,而后者则主要是出于一种经济利益考虑的自愿行为。日军在它的殖民地和占领地掳掠妇女充当"慰安妇"显然是属于前者,甚至,就是被征发到前线去的日本妇女中,相当部分也是带有强迫性质,或者是最初自愿,但到前线受到非人遭遇后想摆脱而无法摆脱①。

1938 年日军在上海江湾设立的慰安所,门首还贴着欢迎日本兵的对联

(麻生彻男《上海より上海へ》)

① 台湾也有类似情况,《台湾慰安妇报告》指出:"台湾的女性是在何种状况下成为'慰安妇'的呢?我们必须承认一点,确实有台湾的女性是在被告知且自愿的情况下成为'慰安妇',但是并无法抹杀大多数的女性是在欺骗、被迫的情形下流落异乡成为'慰安妇'。"(妇女救援基金会主编:《台湾慰安妇报告》,台湾商务印书馆 1999 年版,第 175 页。)

对于那些原来被日军强迫掳掠的妇女而言，她们根本不是自愿来为日军提供性服务的“慰安妇”，而是每日遭到十次或几十次强奸的日军性奴隶。日军将“慰安妇”集中起来、供官兵泄欲的“合法”的强奸场所称作“慰安所”。这种“慰安所”的婉称的确令人憎恶，令人作呕。日军“慰安妇”制度就是日本军部将日本兵战场性暴力合法化、组织化和永久化，其实质是日本国家及其军队有组织的性暴力问题。所以，“慰安妇”最准确的解释就是日军的性奴隶，就是 Sex slaves。但是，以性奴隶来代指“慰安妇”则显得过于宽泛，因此，笔者认为，在中文中直接使用“慰安妇”一词，是一种不得已的办法。

在第二次世界大战期间，日本军国主义为了将侵略战争持续下去，强迫各国妇女充当日军官兵的性奴隶并在军队中普遍地、有计划地配备性奴隶，这一制度便是“慰安妇”制度。这一制度具有浓烈的军事性质，它始于日本发动的侵略战争，而终于这一战争的结束；它是日本战时军事性奴隶制度，是日本军国主义推行侵略战争的一个组成部分，是日本政府战争犯罪的罪证之一。

那么，“慰安妇”制度是怎样出笼的呢？

“慰安妇”团来到上海

“慰安妇”制度的起点始于1932年初的上海。

1932年初，日本军队为了策应在中国东北建立伪满洲国，于1月28日在上海发动第一次淞沪事变，企图占领上海。但遭到中国守军十九路军的顽强抵抗。日本随即组成上海派遣军增援，其司令官是白川义则大将。2月25日，白川义则在军部为他送别的宴会上，破例恳求军部准许冈村宁次出任派遣军的副参谋长。

冈村宁次早年毕业于日本陆军大学，1917年担任黎元洪大总统的军事顾问而到中国活动。1923年曾任日本参谋本部驻上海的谍报武官。他作为一个中国通，参与制定了日本侵华的战略计划。以后长期担任制定侵华战略的军事核心成员，直至出任侵华日军最高司令官。

冈村宁次组建了第一个“慰安妇团”，曾对“慰安妇”制度的建立有重要作用

1932年3月6日，冈村宁次作为上海派遣军副参谋长到达上海。时在沪日军已达到了3万人，由于日军士兵的野蛮残暴和军纪松弛，发生了多起强奸上海战地妇女事件，这些暴行引起了中国和各国舆论的严厉谴责。为了防止发生更大规模的强奸事件，防止官兵中性病的蔓延，并由此而影响日军的军纪和战斗力，冈村宁次决定设立一些为日军官兵提供性服务的场所。这一计划得到了白川义则司令官的首肯，冈村便指令高级参谋冈部直三郎具体经办。冈部在3月14日的日记中写道：“这时，传来士兵们千方百计搜索女人、道德败坏的各种传闻，对于这种行为，部队平时很难加以防备。因此，为了解决士兵的性问题，就着手积极建立这种设施。此事由永见中佐负责。”①于是，

① 冈部直三郎：《岡部直三郎大将日記》，1932年3月14日；芙蓉书房1982年版。

冈部立即与永见俊德中佐一起，具体讨论了解决这一问题的详细计划，并迅速向冈村宁次递交了实施报告。冈村宁次同意后，立即开始操办。

首先，他们考虑在沪陆军官兵多来自日本的关西地区，再加上关西离上海最近，便决定征召关西的妇女。接着，冈村宁次即致电长崎县知事，要求他尽快征募有卖淫经验的妓女，组织“慰安妇”团。长崎知事得到电文后不敢怠慢，立即指令警察及各级政府部门等，招募了一批妓女。然后，上海派遣军即将这些妇女运往上海。这些妇女运到上海后，派遣军司令部将她们送到陆军部队的前线阵地，在吴淞、宝山、庙行和真如等地建立了第一批陆军慰安所。

1932 年 7 月 15 日，冈村宁次调任关东军副参谋长而离开上海。此后，因侵华有功而屡获提升，于 1944 年 11 月升任日本中国派遣军总司令。当战争结束后，冈村宁次回忆这段往事时，仍不无得意，他在 1949 年 2 月由中国返回日本的轮船上，接受记者采访时说：“我是无耻至极的‘慰安妇’制度的缺席的始作俑者，昭和七年（1932 年）上海事变时，发生了两三起官兵强奸驻地妇女的事件，作为派遣军副参谋长的我，在经过调查后，我

位于上海虹口的美媚里，是日军慰安所集中的区域。这些建筑至今保存着

（苏智良 2015 年摄）

只有仿效海军已经实行的征召妓女慰军的做法①，向长崎县知事申请征召来华进行性服务‘慰安妇’团。事实证明，当从本土征募而来的‘慰安妇’团到达时起，便不再发生强奸的事情。”②这个“慰安妇”团是由日本上海派遣军和日本地方政府共同合作组成的。因为，“慰安妇”的募集得到了长崎县知事和内地警察的协助，而这两个系统是由日本内务省管辖的，也就是说如果没有内务省的支持，这个“慰安妇”团是不可能到达上海的。这个特别组成的“‘慰安妇’团”，来中国前线的唯一目的就是为日军提供性服务，“‘慰安妇’团”的成员显然已是一种专职的军队性奴隶，或者说是日军“慰安妇”制度发展史上一个重要的起始点了。从这个意义上说，冈村宁次创造的这一形式不能不说是一种“创举”——一种法西斯战争机器侮辱人性、违反人道的“创举”。③

当然，比起后来日军大规模地在军队中实施“慰安妇”制度来说，这还只是一个开端。

① 上海是日本第三舰队停泊之地，日本海军在虹口建有海军陆战队司令部。1932年1月，日本海军首先指定虹口的一些日侨经营的妓院为海军的指定慰安所，据统计，是年底海军在沪慰安所有17家。详见苏智良：《慰安妇研究》，上海书店出版社1999年版。

② 稻叶正夫：《岡村寧次大将資料》，原书房1970年版，上卷，第302页。

③ 南京市政府：《敌人对于南京毁坏及其暴行一斑》，中国第二历史档案馆藏。

南京大屠杀与“慰安妇”制度

日军全面推行“慰安妇”制度的契机，是南京大屠杀。

1937 年夏，日本先后制造七七卢沟桥事变和八一三淞沪事变，发动了全面侵华战争。1937 年 12 月初，当日军准备攻击中国首都南京时，华中方面军第 10 军司令柳川平助向士兵们号召：“山川草木皆敌人”。上海派遣军也发出了“一概都杀”的命令①。于是，日军在南京制造了人类历史上罕见的屠杀 30 万中国人的暴行。

南京大屠杀，实际上也可以说是一场大奸杀。大量的记录、信函、照片、日记、文件等记载了数以万计的这方面的暴行。战后，1946 年南京市政府对这一事件调查后确认：“据主持难民区国际人士之粗略估计，当时本市遭受此种凌辱之妇女，不下八万之多。”②

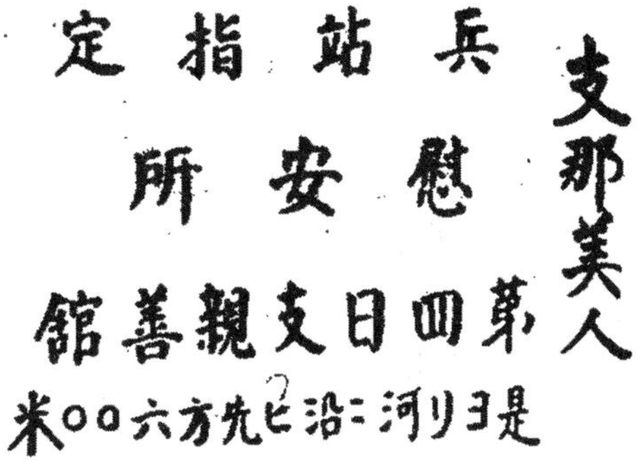

南京的日军慰安所——第四日支亲善馆的广告，上面写明是“支那美人”

（章开沅教授提供）

事实上，日军对中国妇女的暴行，自在上海登陆后就开始了，在通往南京的路上，日军在上海、杭州、苏州、无锡、江阴、镇江…… 到处是奸淫烧杀，这不仅使日军遭到中国和世界舆论的严厉谴责，而且还因为混乱的性交，导致日军官兵中淋病、梅毒等性病迅速流行。华中方面军司令松井石根曾命令军医进行系统调查，结果令日军上层感到震惊：在第 18、114、3、9、11、13 师团和重藤支队、国崎支队等部队中，均发现性病有如星星之火，正逐渐呈燎原之势。

---

① 转引自洞富雄：《南京大屠杀》，上海译文出版社 1987 年版，第 222、224 页。

② 南京市政府：《敌人对于南京毁坏及其暴行一斑》，中国第二历史档案馆藏。

这样，性的问题几乎成了日军能否继续其侵略战争的首要问题。在松井石根看来，伤害再多的敌国妇女也是小事，但因此而损耗军队的战斗力则是大事。有鉴于此，以松井石根为首的日军华中方面军司令部便迅速考虑在部队中建立“慰安妇”制度。

具体奉令策划此事的，是华中方面军参谋长塚田攻少将。12 月初，他已将这一计划通报给上海派遣军参谋长饭沼守，并要求饭沼守具体执行。11 日，饭沼守在日记中记载了《从方面军来的关于慰安设施的实施意见》。然后，饭沼守命令参谋部的第二科的长勇中佐迅速制定建立“女郎屋”(即慰安所)的详细计划。于是，在上海、南京等地建立慰安所被迅速地提到了议事日程。12 月 28 日，上海派遣军副参谋长上村利道的日记中也记载说：“军队非法违纪事件越来越多，参谋部第二科召集各部队将校会议，参谋长强调军纪，并审议了第二科提出的关于设立南京慰安所的提案。”①

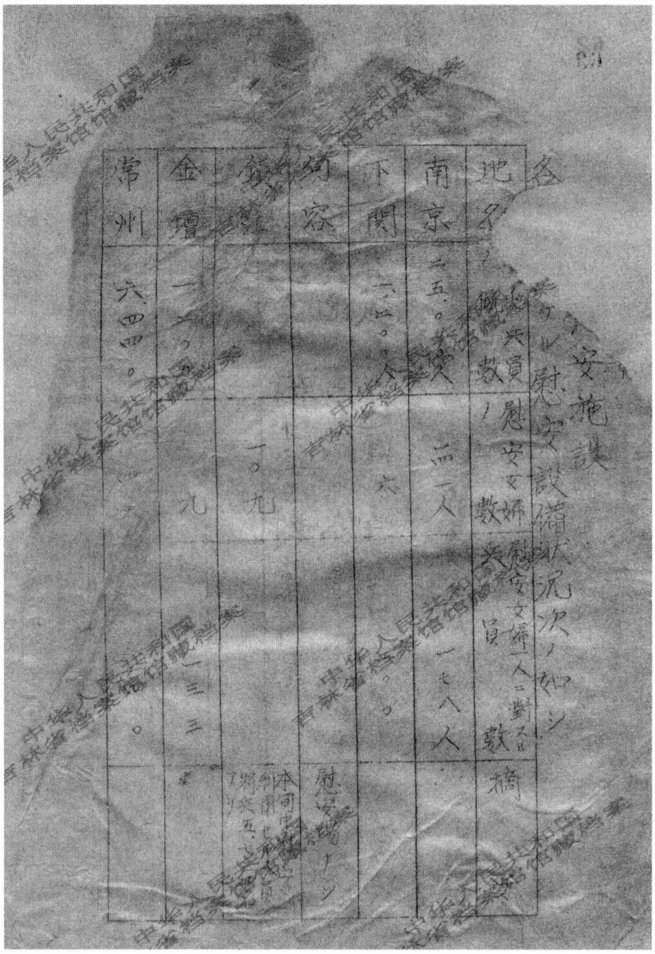

1938 年 2 月华中宪兵司令部的文件，上面详细记录江南各地的慰安所情况。如南京的一个“慰安妇”要面对 178 名日本兵，在镇江 10 天中有 5734 名日本兵进入慰安所

（吉林省档案馆藏）

实际上，设立慰安所的事已经在紧锣密鼓地操作了。在湖州，12 月就建立了日军慰安所。而上海杨家宅慰安所是其中非常典型的一个。

---

① 南京战史编集委员会:《南京戦史資料集》，偕行社 1989 年版，第 211、220、280 页。

上海杨家宅慰安所

1938年1月13日，日本华中方面军的东兵站司令部在上海东部挂出了"杨家宅慰安所"的木牌。这是侵华战争中日军设立的第一个由军队管理的大型慰安所。一个由军队管理的正式的慰安所。

右图是一张由日本军医官麻生彻男摄影的照片，木牌竖在杨树浦路上，上面清晰地写着"杨家宅陆军慰安所"。这种广告牌还不止一块。

日本军医麻生彻男拍摄的杨家宅慰安所的广告牌，上面写着杨家宅陆军慰安所

（麻生彻男《上海より上海へ》）

据笔者的调查，证人们回忆说，"杨家宅慰安所"的木牌不太大，挂在慰安所朝南的大门口，字是用楷书书写的，黑色。

杨家宅娱乐所的大门是用木头做的。大门的旁边是接待室，士兵们在这里购票入内。入内后往北是一片空地，可以停车。西面一侧有酒吧、厕所、医务室、饭厅、厨房和浴室等，东面就是12幢"慰安妇"接待官兵的木屋。

慰安所是日军第11兵站司令部的工程队建造的。木屋的用材为东北松木，式样是日本和式，一层平房，屋顶上铺了一层防水橡胶。房间门朝南，两幢房屋之间是碎砖铺着的道路，房屋的四周挖有排水的水沟。建筑有宽有窄，房间有大有小。木房呈东西向，一幢有10个小房间。每个房间的面积约4个半榻榻米大小，合七八平方米；宽的建筑中间有走廊，两边是"慰安妇"的房间，有的房间有 6 个榻榻米大小。房间里面陈设十分简单，只有一张木板床，一张桌子和一把椅子；房门上写着编号，并钉有插"慰安妇"名字的金属牌。例如日本"慰安妇"庆子（千田夏光著的《从军慰安妇・庆子》一书中的人物）的号码是第 51 号。木墙上开了一扇 50 厘米高、30 厘米宽的木窗，窗上有 6 块玻璃，下面的 4 块是磨砂玻璃。浴室外面一间是休息和化妆间，里面是洗澡间，建有五六立方米大的浴池。日本兵常要求与"慰安妇"一起入内洗澡。洗澡的热水是用炉子烧开的。

杨家宅慰安所的木屋建筑，是日本工兵赶制的

（麻生彻男《上海より上海へ》）

日军为了让日军官兵感到安宁，让日本官兵和日本"慰安妇"有个参拜的场所，在慰安所里设立了神龛。神龛大小约 1 米见方。外形好像中国的小庙，翘角飞檐，为木料所雕制，据当地居民、当年的顽皮少年史富生等回忆：神龛内供奉一块如烧饼大小的银块。

慰安所的四周，南面大门前是条大河，东面和北面是一条小河环绕，只有西面连着土地，日军便在此设下了铁丝网。靠北面的小河上有座小木桥，为了方便北面江湾飞机场一带的日军出入慰安所，管理者便在这里开了一座小木门，这座小木门平时紧闭。

就在日本工兵们施工期间，华中方面军司令部已不断地在催促了："还没有好？快些！"因为陆军官兵们已经急不可耐了。

1月12日下午，慰安所开业的前一天，接待室前一片喧哗，日本“慰安妇”庆子也怀着好奇挤上前去观看，原来是杨家宅娱乐所的主管部门——上海派遣军东兵站司令部贴出了营业条例，当时在此执行“慰安妇”体检任务的军医麻生彻男，于2月3日摄下了这个《慰安所规定》，从而给日军推行“慰安妇”制度留下了一份极为重要的物证，也给后人研究日军罪恶的“慰安妇”制度提供了一份珍贵的资料，其内容如下：

一、本慰安所只限陆军军人、军方聘用人员入场，入场者须持有慰安所出入许可证；

二、入场者必须登记并支付费用，才能得到入场券及避孕套一只；

三、入场券的价格，下士、士官、军聘人员为2日圆，军官为5日圆；

四、入场券当日有效，在未使用前可退票，但如果已将票交给酌妇后，则一律不可退票；

五、购买入场券者进入指定的房间，时间为30分钟；

六、入室的同时须将入场券交给酌妇；

七、室内禁止饮酒；

八、完毕之后即退出房间；

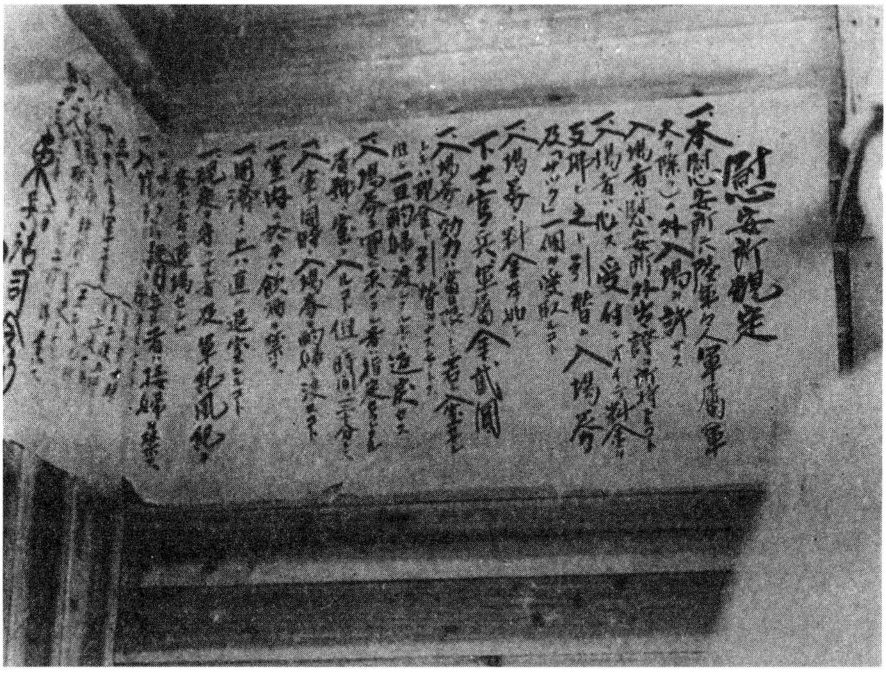

麻生彻男拍摄的杨家宅慰安所张贴的《慰安所规定》，落款是东兵站司令部

（麻生彻男《上海より上海へ》）

九、违反规定及军风纪紊乱者须退场；

十、不使用避孕套者禁止碰女人；

十一、入场时间，兵士为上午10时至下午5时，下士官及军方聘用人员为下午1时至9时。①

这个规则中出现了"慰安所"这个字眼，但还没有使用"慰安妇"，对这些"慰安妇"仍使用日本国内常见的"酌妇"的名称。另外，关于"慰安"的价格，上海派遣军的参谋们提出每次2日圆，这个决定曾受到老兵们的反对，他们认为，老子在前方流血拼命，无偿地接受"慰安"是理所当然的，但2日圆的价格还是得到了司令部的批准。这个价格成为后来华北、关东军慰安所的"统一"价格。当年这钱并不是给"慰安妇"的。

日军军部遇到的另一个问题是"慰安所"是否能像妓院那样，允许士兵们有选择"慰安妇"的权利。如果那样的话，那么，需要将"慰安妇"的照片贴在接待室，供官兵们挑选，或者是官兵自己可以通过窗户观察里面的"慰安妇"，以选择自己喜欢的女人。在东兵站的司令部里，老资格的士官们希望能自由些，"士兵们既然是客人，那就有选择女人的权利"。这遭到了年轻军官的反对，他们认为士兵外出必须向中队长请假，也决不能

这是麻生彻男连夜督促日本兵赶制出来的女性身体检查台

（麻生彻男《上海より上海へ》）

---

① 麻生彻男：《上海より上海へ》，石風社1993年版。

自由地选择女人。这件事最后送到上海派遣军高层那儿，由他们裁决。高级军官们认为，设立慰安所的目的仅仅是为了解决官兵们的性欲，因此，只要是女人就可以，于是决定不能选择“慰安妇”。这也成为后来大多数慰安所的一条准则。

于是，当日军官兵付钱后，便会得到一张入场券，上面写着第某某号；或者被口头告知：你到某某号“慰安妇”的房间去。

杨家宅慰安所的大门口，站着宪兵，每天下午，日军士兵一批接一批地杀到。下午5时起，军官们开着车从四面八方赶来。他们支付5日圆后，可以不受时间的限制。甚至再付上几个日圆，便可以在慰安所里过夜。这点钱对于他们来说，并没有太大的问题。当时日军的一个少尉的月薪为70日圆，中尉为85日圆，此外还有战地津贴分别为105日圆和115日圆。因此，军官们十分向往这个慰安所，他们希望在这里醉生梦死地生活，能暂时忘却战争和伤亡的痛苦。

当时驻扎在上海的陆军部队有十多万人，而后续部队还在源源不断地登陆，向南京和中国腹地进发。由于陆军部队的人数远远超过杨家宅慰安所的接待能力，因此，华中方面军一方面加速建立其他的慰安所，以缓解供求矛盾；另一方面，则最大限度地利用杨家宅慰安所。

日军全面实施“慰安妇”制度

南京大屠杀前后，日军高层意识到：在短期内无法击败或迫使中国投降，因此不得不面对在华进行长期艰苦作战的现实。日本军部对在沪、宁地区作战中发生的大规模强奸事件，极为担忧，因为这会导致性病的流行，所以他们要求尽快组建大量的慰安所，以改变现状。于是，1938 年 4 月，陆军省兵务司在给华北、华中方面军参谋长的《关于招募军队慰安妇的文件》中，明确命令各部设立慰安所，要求：“在募集（‘慰安妇’）时，由派遣军领导，选用适当的人选，处理好与各方面的关系。应与当地的宪兵、警察合作，保持军队的威信，不要造成各种不良的社会影响。”①1942 年，陆军省对在华日军各部队中性病的蔓延表示了极大的担忧，该省的卫生司要求：“各部队慰安所要在卫生方面严加管理，不要疏忽。”尽管当时已经设立了大批的慰安所，但陆军中央部门仍要求加速建立。在 9 月 3 日的陆军省会议上，决定追加“将校军官以下的慰安设施，拟按以下规模：华北 100 所，华中 140 所，华南 40 所，南方 100 所，南海 10 所，库页岛 10 所，共 400 所”。② 日军在华部队分别隶属于华中方面军、华北方面军和关东军，在陆军省的指示下，各部队每到一地，首要任务便是征集妇女，辟室觅屋，快速建立“合法”的强奸中心——慰安所。

由松井石根率领的华中方面军直接设立上海杨家宅慰安所的同时，在江南各地建立了众多的慰安所。由于上海是南方日军的集结地，日军部队蜂拥而至，经休整后再奔赴各方。因此，陆军在设立杨家宅慰安所后，立即在虹口、吴淞、江湾、浦东、南市、嘉定等地设立了一批慰安所，这些慰安所均由陆军的兵站负责建立和管理，兵站定期派出军医到各慰安所进行检查。陆军和海军拥有分别属于自己部队的慰安所。海军陆战队也设有不少慰安所。它们主要在虹口，如北四川路的四川里一条弄堂就设有 3 家慰安所。与北四川路相接的东宝兴路，在不到 100 米的距离内就开了 4 家慰安所。

---

① 《陆支密》第 475 号，日本防卫省防卫研究所图书馆藏。

② 矢野玲子：《慰安妇问题研究》，辽宁古籍出版社 1997 年版，第 220 页。

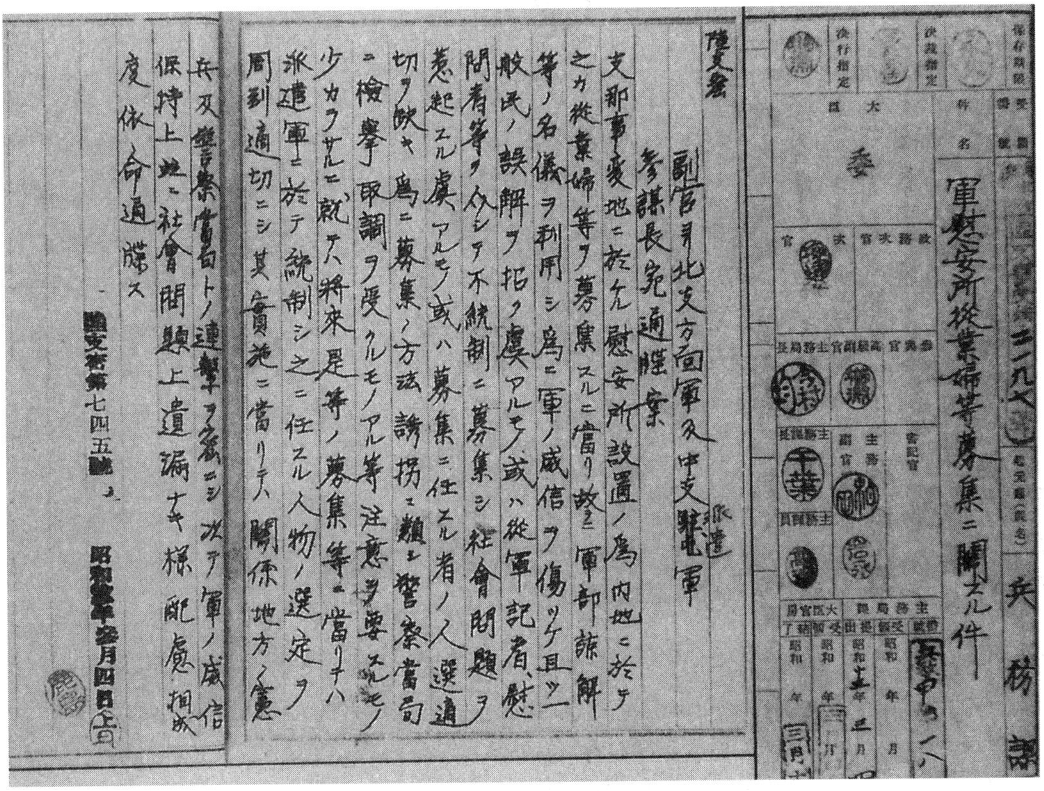

陆支密第745号秘密文件是日本大本营给日军华北方面军、华中派遣军参谋长关于建立慰安所、募集“慰安妇”的文件，日期是1938年3月4日

（日本防卫省防卫研究所图书馆藏）

1937年11月，第10军的部队在金山卫一带登陆后，便对浙江进行攻击，同时逐渐设立慰安所。司令柳川平助中将手下的参谋寺田中佐指挥宪兵在湖州强拉当地妇女设立了慰安所。“最初虽只有4人，而今日已达7人，但是，她们因有害怕心理而‘服务’不良，因此，宪兵透露将保证生命安全，并付给报酬，并希望征集到100名中国妇女。……(慰安所)门口挂上了标记，士兵们不知从哪里听到传闻而云集于此，……先遣的寺田中佐亲身进行了尝试，今日到达的大坂少佐和仙头大尉听后忍耐不住，与宪兵队长一起很早就奔赴(慰安所)去，约一个半小时而回。宪兵队长尤其对慰安妇的‘服务’赞不绝口，一副满足的模样。”①

第101师团侵占南通时，便在城内设立了慰安所。第15师团的慰安所更遍布于镇江、芜湖、金坛、巢县和溧水等地。当日军占领南京后，军队立即组织了5卡车的日本

① 转引自王俊彦：《警惕日本——昨天的侵略与今日的扩张》，内蒙古人民出版社1996年版，第907页。

“慰安妇”在大街上游行，此后士兵们便欣喜若狂地涌向慰安所，“门口站着宪兵，好多当兵的都在排队等着，非常拥挤”！① 日军独立攻城重炮兵第二大队占领常州后，在日华会馆内迅速设立慰安所，派宪兵组成慰安所分遣队以负责安全。于 1938 年 3 月公布《慰安所使用规定》，宣称为了缓和“慰安妇”的紧缺及整肃军纪，要求各部队依照规定时间去慰安所。为了避免重蹈覆辙，日第 11 军在还未进入武汉前，以冈村宁次为首的司令部就已命令兵站等设立慰安所。第 2 军在武汉实行慰安所制度。该军司令部在机密的军队情况通报中指出：为了发挥“皇军的本来面目”，军人除前往慰安所之外，其他一律不得外出。同时占领武汉的第 11 军也设立了很多慰安所。在汉口的积庆里、老联保里、新联保里、生成里、六合里，武昌的斗级营等，到处都是慰安所，仅积庆里一处就有 12 个慰安所。日本海军则在日租界的滨江大道上开起了“海军特殊慰安所”。

日军在江苏扬州的这座建筑中，建立了一个大型的慰安所

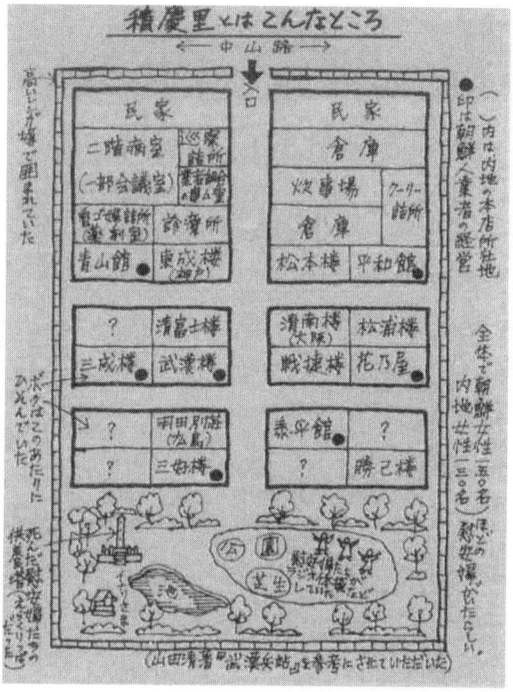

武汉汉口的积庆里，是日军慰安所的集中地。这是日军记录的当时积庆里慰安所的概况图

（户井昌造《战争指南》案内，品文社版）

华北方面军方面也不甘落后。1938 年 6 月，参谋长冈部直三郎向所属的数十万部队发出了设置慰安所的命令。1939 年 4 月 5 日，华北方面军司令部在《防止共产党对我

① 东史郎：《东史郎日记》，本书翻译组译，江苏教育出版社 1999 年版，第 214 页。

军思想瓦解工作的对策》的文件里明确指出，为了遏止军队官兵思想恶化等，必须尽量设立军人的慰安设施。到是年 7 月，日本华北警务部对华北和内蒙古的“慰安妇”和艺妓作过一个调查，人数共为 8931 人。北平的慰安所一直开到宣武门内六部口，号称“人民俱乐部”，里面有数百个中国性奴隶，日本军人川流不息。在天津，日军防卫司令部经常要求伪政权强征中国妓女到河南、山东等前线充当“慰安妇”，定期轮换。日军占领洛阳后，师团的后方参谋立即将中国的民居改建为慰安所。第 117 师团在河南考城一带驻扎时，也设有很多慰安所，一个士兵回忆：“长期的驻屯生活中，和同一个‘慰安妇’一起过日子，觉得就像是自己的老婆一样。士兵们也不再那么贪婪了，他们感到随时可以解决问题。她们因此也像成了驻屯部队的一员。”①

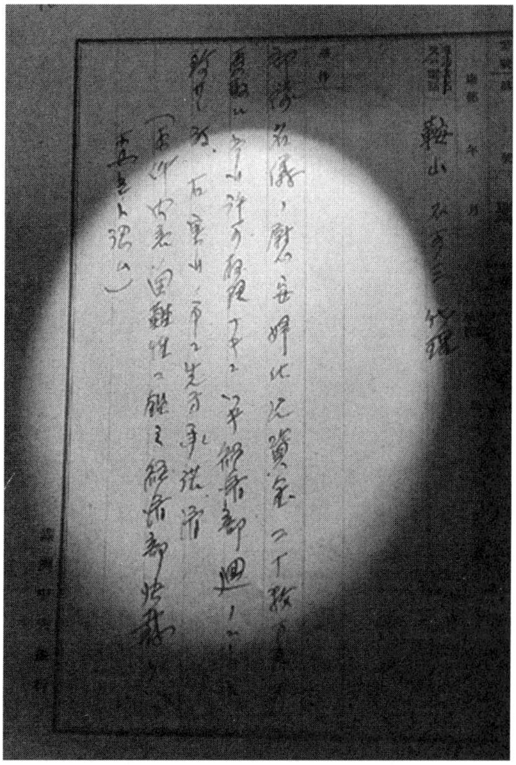

1945 年满洲中央银行鞍山支店经关东军第四课批准，以军用公款科目转账划拨日军购买慰安妇专项资金等内容的电话记录。第 7990 部队在 1944 年底到 1945 年初，汇款 4 次共计 53 万日元用于购买“慰安妇”，即建立和经营慰安所

(《满洲中央银行鞍山支店“慰安妇”采购资金电话记录》，康德十二年(1945 年)三月三十日，吉林省档案馆藏)

长期在东北驻扎的关东军很早就设立了慰安所，尤其是 1941 年 7 月，在司令官梅津美治郎、参谋长吉本贞一的率领下，制定了征集 2 万名朝鲜“慰安妇”到关东军驻地的计划，从此，朝鲜“慰安妇”按比例分配到各部队。从大连到中苏边境，至于强征中国当地妇女充当性奴隶的行为则更为普遍。在海拉尔的日军第 891 部队，管辖着十多个慰安所，里面多为掳掠来的中国女子。在沈阳、锦州，日军司令部的恤兵慰问部主管着慰安所的事宜。孙吴的日军第 4 军，设有“陆军军人慰安所”，经营者常常用电话联络各部队以协调去慰安所的时间。尽管如此，由于 2 万人的日军面对的“慰安妇”只有 50 名，因此部队之间仍发生了“慰安妇”的争夺战。在东北的慰安所遍及长春、海城、延边、四平街、牡丹江、海拉尔、阿尔山、辽阳、虎头、富锦、东宁、温

① 千田夏光：《從軍慰安婦》，双叶社 1973 年版，第 85 页。

春、东亭、龙镇、石头、兰岗、佳木斯、密山、哈尔滨、鸡西等地。见习士官渡边健一1945年到中苏边境的阿尔山时，吃了一惊，因为他没有想到，连这么偏僻的地方竟然也设有慰安所："在这样荒僻的地方，也安排有妓女（'慰安妇'——引者注）。在阿尔山和伊尔设有慰安所，有朝鲜人和满洲人，一次5角到1元。日本妇女专门接待下士官以上的军官，一次5元钱。士兵的薪金，每月才11元5角。要说日本妇女贵，那可真贵。"①半个世纪过去了，渡边还在感叹日本"慰安妇"价格的昂贵。而在日军进攻苏联的前方要塞东宁，慰安所更是鳞次栉比，仅在大肚川镇石门子村的西沟屯一地，就有"石泽郎慰安所"等5家。

在湖南益阳的这幢老房子里，日军建立了慰安所

（苏智良2002年摄）

经过多年的经营，日军在中国各占领地都设立了慰安所，根据笔者的调查，慰安所涉及中国的黑龙江、吉林、辽宁、内蒙古、山西、北京、河北、河南、山东、江苏、安徽、江西、湖北、湖南、上海、浙江、福建、广东、广西、云南、贵州、海南和台湾等地。据目前的调查研究结果，上海一地的慰安所就达170个，海南岛有70个，南京、武汉的慰安所也各有60个左右，日军在中国占领地的慰安所数量可以千万计。

① 转引自森山康平：《南京大屠杀与三光作战》，四川教育出版社1984年版，第109页。

日军为什么要建立“慰安妇”制度

事实证明，战时各地的慰安所是应当时的日本军事当局的请求，或者由日军下令而设立的。日本政府和军队为什么要实施“慰安妇”制度，其主观动机主要有以下五方面。

第一，向官兵提供性服务以稳定军队、安定军心，并使官兵士气高扬，增强战斗力。

日本发动的侵华战争是一场非正义的侵略战争，投入战场的官兵多不明了战争的性质和意义，日军高层无法对他们进行有效的政治动员。而且由于日军的法西斯性质，内部实行绝对的家长制度，上下级关系只有服从，没有温情，而且新兵时常遭到老兵的殴打，长官更是以差遣、欺压士兵为职事。这种封建的官兵关系使士兵们感情压抑，加上战斗的残酷，因而逐渐对军队生活产生厌恶、仇恨心理，这种人性压制的无序发泄便是强奸案的大量发生，以及反抗长官事件的增加①。于是，日军上层企图通过推行“慰安妇”制度，把“慰安妇”作为士兵发泄的对象，起到一种“镇静剂”的作用。1939 年 6 月，日军独立炮兵第 3 联队的《阵中日记》记载道：“现在，‘慰安妇’增加了，精神上感到很是安慰。”②

日军的侵华战争一开始就陷入了泥潭之中，它成为日本历史上时间最长的一次对外战争，而且是一场没有归期的战争。官兵没有任何休假，看不到胜利，这些都导致官兵情绪低下。不仅如此，日军的生活设施也较为简单，毫无乐趣和享受可言。长期的禁欲生活使军人积蓄了太多的性能量。为此，军方需要对士兵实行怀柔政策，即通过提供女性来刺激士兵的士气，以使其更加卖命。日军前线的军官曾反复指出，为了鼓舞士气，必须要解决性问题。这一点在士兵的记录中也得到了证实。士兵曾根一夫在回忆

① 这类事件如 1942 年 10 月 15 日，驻扎在湖北省广水镇的辎重兵第 3 联队第 1 中队的 7 名下士官对将校团进行暴力打击；同年 12 月 7 日侵入山东馆陶县的独立步兵第 42 大队的 6 名士兵袭击将校团，中队长从兵营逃逸等。

②《性与侵略——84 个军队慰安所原日本兵的证言》，东京社会评论社 1993 年版，第 365 页。

一名日本兵在日军兵站指定的“故乡”慰安所前留影

战时情景时说：“无论是老爷般的老兵，还是童颜般的少年兵，都一致渴望早一点接触到女体的猴急模样，实在是滑稽透顶。”老兵水野靖夫则指出：“上级号召士兵们首先要去‘养精蓄锐’。没有接触过女人的人，就打不了仗。所谓的‘养精蓄锐’，就是要去体验女人。我们登陆后，便结队成群地走向慰安所……为了满足性的欲望，不，为了培养一支像样的杀人部队，使之玩弄一下敌国的女人，那简直算不了什么。”1940年陆军省医务局局长三木良英在视察了东北的日军部队后写道：“第一线部队的生活，一般都不佳，当考虑精神慰安、给养问题。据部队长所说，原因不明的逃亡、犯罪接连发生，士兵们精神低落。”于是，“土肥原师团长要求派遣慰安团。据说国境守备队3年间完全没有外出，应该督促爱兵恤士”。① 从这段话中可以想见日军的苦恼和大规模设置慰安所的初衷。所谓的“爱兵恤士”，便是为官兵们提供性奴隶。当中国远征军攻击拉孟(今称松山)战斗到了白热化的时刻，日本军官还驱赶着“慰安妇”们，到战壕中对士兵们“慰安”，以此激励日暮途穷的士兵的战斗热情。因此，日军的后方司令部常常把日本“慰安妇”叫作“大和SEX特攻队”。

在残酷的侵略战争中，日军的残暴的侵略，使其长期处于周围居民的敌意的包围之中，士兵不知何时就会突然死去，他们普遍带有强烈的恐惧心理，在这种恐惧心理的驱使下，他们在战场上会干出种种越轨暴行。尤其是战争进入艰苦的相持阶段以后，大量的预备役、后备役士兵被征发至战场，问题更加突出。日军高层认为，让士兵们依偎在女人的胸脯上，与女人亲近，有利于摆脱这种恐惧，所以设立慰安所能暂时缓解士兵的恐怖心理。日军士兵东史郎在其日记中记录士兵的这种心态：“有人说：‘如果在下次的战斗中死去，现在钱放着还有什么用呢？还是尽情地享乐吧！’这样一说，引发了更加狂

① 金原节三：《陸軍省業務日誌摘録》，日本防卫省防卫研究所图书馆藏。

乱的热潮。大家沉浸在无以言状的狂欢之中，充分地享受着肉体的愉悦。”①1939 年 3 月，第 124 联队的一个中队在浙江长兴的仁王山遭到中国军队的袭击，结果只剩下几个士兵活着回来，这几个士兵惊恐地回到兵营后，便心急火燎地半夜敲开“慰安妇”们的房间，他们抱住“慰安妇”，是为了确认自己还活着，以减少战友死亡的刺激，并乞求“慰安妇”对他们的恐惧的心灵给予抚慰。千田夏光在《从军慰安妇・庆子》一书中这样描写道：庆子深夜被猛烈的敲门声所惊醒，一队从前线归来的士兵冲入了慰安所，第一个带着火药味的士兵把庆子推倒在床上，迅速撕开庆子的上衣，然后发狂地用嘴吮吸着庆子的乳房，一边还呻吟道：“我得救了，得救了，不会死了！”第二个士兵竟反复亲吻庆子那作为“慰安妇”被无数士兵玷污过的地方，嘴里反复念叨：“孩子他娘，孩子他娘！”所以，对于士兵们来说，拥抱“慰安妇”可以证明“今天我还活着”，并祈祷“明天我还能够活下去”。因此，每次战斗之后，慰安所里就特别热闹，里面挤满了经历了生死考验的“如饥似渴”的日本兵②。

一位中国妇女被轮奸后，日军将其剖腹断肢然后投入火中焚烧。图为被烧焦后的残尸

（《强盗自白》，台海出版社 2000 年版，第 258 页）

---

① 东史郎：《东史郎日记》，第 317 页。

② 久保村正治：《第二軍通訊隊》，日本图书出版社 1987 年版。

第二,为了维护日军的军纪,以防止大规模强奸事件的发生。自日本发动侵华战争后,日军所到之处,最骇人听闻的就是大肆强奸当地妇女。其登峰造极之作便是在南京留下了数万起强奸事件的残暴记录。1938 年 6 月 27 日,日军华北方面军参谋长冈部直三郎不得不承认,在华日军中发生了大量的掠夺、强奸和放火等不法行为,尽管军方已加强管束,但这类事件仍然频发。在这种情况下,为了减少强奸事件,只有推行"慰安妇"制度,以图恢复占领地的秩序。日军意图也就是牺牲部分占领地女性而维持日军的纪律,设置慰安所来承担防止日军过分放肆与暴虐的安全阀的作用。陆军军医中尉、金泽医科大学教授早尾虎雄在对侵华日军调查后指出:日军官兵因无法压制性欲而对中国妇女施暴,因此,宜尽快开设更多的慰安所。其主要目的在于预防强奸案的大量发生而使皇军的威严下降,导致反日情绪的高涨,从而影响占领地的治安。所以,后来日军在准备侵入武汉时,为了防止出现象占领南京时出现的混乱状况,在部队中普遍设立了慰安所。日第 2 军进入武汉后,只允许在军官的带领下前往慰安所。同样的例子,当第 116 师团要进入湖南宝庆时,后方主任将宪兵队长山田定招来问道:"司令部最担心惹起强奸的事件,宪兵队长,为预防这种事故,能不能去募集些慰安妇来?"于是,山田纠集当地汉奸,抢来一批中国妇女,设立了慰安所。1938 年底,日第 11 军司令官冈村宁次曾得意地说:"现在的兵团,几乎都有慰安妇团随行,似乎成为兵站的一个分队。像第 6 师团担任那样,有团随行,强奸慰安妇案就绝迹了。"1941 年 12 月 28 日,日军在香港举行了入城仪式,日军卫生部便要求快速建立港九慰安区。战后担任过日本首相的中曾根康弘,1942 年任海军第二设营班主队长、主计中尉,他曾负责建立慰安所,并且他对能完成这一任务而颇感自豪。后来他回忆说:第二设营班"是有 3000 人的大部队,总是发生袭击当地妇女的事情。我颇费苦心,为他们设置了慰安所。"在军队中普遍地设立慰安所,尽管使强奸事件有所减少(当然远没有禁绝强奸案的发生),然而这实际上是以整体的、有组织的国家犯罪来替代军人的个人犯罪。

第三,预防性病的流传。日军企图通过设置慰安所,并对"慰安妇"进行严格的体检,来杜绝或减少官兵中蔓延的性病。即使是在日军中,性病也是不光彩的疾病。军方规定战伤为一等疾病,内科疾病为二等,性病是最低的三等疾病,①而且,患了性病就很难被提升重用。在日军战史中,最惨痛的一次关于性病的记录是 1917 年出兵西伯利亚的战争,性病患者的人数竟比战死的人数还多。究其原因,就是日军军纪涣散、强奸当地妇女所致。由于性病具有较强的传染性和巨大的伤害力,会严重损害军队的战斗力,而且甚至会影响子孙后代,危及国民整体的健康。1939 年 4 月 15 日,在广东前线的日

---

① 金一勉:《天皇の軍隊と朝鲜人慰安婦》,三一书房 1976 年版,第 129 页。

武汉联保里的慰安所旧址

（苏智良 2000 年摄）

第 21 军的军医部长松村在给陆军省医务局的报告中明确提出："为预防性病，须按每 100 名士兵配备 1 名慰安妇的比例设立慰安队。"①是年 6 月，军医早尾虎雄又指出：日军由于利用民间的妓院（实际上主要原因是对战地妇女的强奸——笔者）而引起性病的流行，从而导致战斗力的下降。日军既然不能制止士兵嫖妓，只能通过慰安所以满足其性要求，并对"慰安妇"实行严格的体检。不合格者不准接待士兵。同类资料还有日军华北方面军军医部在 1940 年 2 月颁布的《对干部的卫生教育顺序》中也承认花柳病对日军战斗力的影响。同时，日军还通过使用安全套、星秘膏等手段来预防性病。但是，由于官兵的胡作非为，加之日军对军人的检查极为松散，因此，日军官兵中患性病的仍然为数不少。

第四，治安与防谍。如何解决官兵的性问题，的确是日军一个棘手的问题。允许官兵自由地到占领地的民间妓院去，那将会导致危险甚至丧失生命。日军高层又担心，日军在中国各地作战，与当地民众接触，尤其是与当地娼妓接触，容易暴露日军兵力、作战动向等机密，中国的妓女有可能将日军的情报转送给中国军队。因此，为了阻止日军官

① 金原节三：《陸軍省業務日誌摘録》，日本防卫研究所图书馆藏。

兵的自由活动，设立军队控制的慰安所，让妇女“从军”来为官兵提供性服务。有个老兵曾道出心里话：“日本慰安妇可以放心，朝鲜慰安妇也可以放心，她们即便天天和士兵在一起，也不会向敌方泄露情报。之所以不征集中国女性做慰安妇，就是为了防谍。”①实际上，由于日本、朝鲜“慰安妇”的数量远远不能满足日军的需要，于是，日军便大量强征中国女子为“慰安妇”，并控制其人身自由，防止被中国抗日部队所利用。在很多的慰安所内，日军规定禁止使用日本语以外的语言，这样既是防止情报外泄、提防“慰安妇”逃跑的策略，同时又是日本侵略者对殖民地人民强制实行日语教育、强制推行其文化并消灭殖民地文化的一种手段。

1943秋，日军荒井大队扫荡河北阜平县，在平阳村屠杀千余无辜平民，照片为屠杀现场，有不少妇女死亡

（杨克林等：《中国抗日战争图志》，广东旅游出版社995年版，第733页）

第五，心理战上的特殊需要。战争开始以后，日军士兵对中国妇女的强奸案迭出，但据说因为害怕中国妇女反抗，因此他们不太愿意在慰安所内接触中国妇女。但是在战争进入到第二战略阶段后，这种情况有了明显的变化，日军大规模使用中国妇女充当“慰安妇”，在日军上层看来，这样能够抚慰那些因长期战争遭受挫折而产生沮丧情绪的日军官兵。他们在战场上被中国军队袭扰、打击而出现的低落情绪，在中国“慰安妇”身上得到了最有效的校正，他们把中国妇女作为战利品，日军情报部的官员在给陆军本部

① 转引自王俊彦：《警惕日本——昨天的侵略与今日的扩张》，第920页。

的文件中指出：“这种心理作用，唯有中国慰安妇能让日军的士兵产生；她们能鼓舞士兵的精神，能够在中国尽快地建立‘大东亚共荣圈’”。当武士道不能支撑精神崩溃的士兵时，中国“慰安妇”的肉体却能对复原士兵必胜的信心起到不可估量的作用。能在中国女人身上得到满足，必将在中国领土上得到满足。占有中国女人，便能滋长占有中国的雄心。因此他建议军方必须更多秘密地征用中国女人做“慰安妇”，从精神上到肉体上安慰日本军人，树立他们必胜的信心。① 这样，日军便有计划地大量征用中国妇女充当性奴隶。将白天对中国军队的失败、对中国的憎恶和复仇心，毫无保留地发泄到同一民族的女性的身上，化为了晚上对中国妇女的征服与胜利，这甚至成了日军前线官兵最热衷的话题。中国“慰安妇”便成为日本军方首脑反复强调的“对于鼓舞将士的士气，完成圣战，是不可或缺的重要武器。”②所以日军与中国性奴隶之间，存在着一种处于对抗状态的两个敌对民族之间的政治关系，存在着“侵略”和“抗日”的关系。

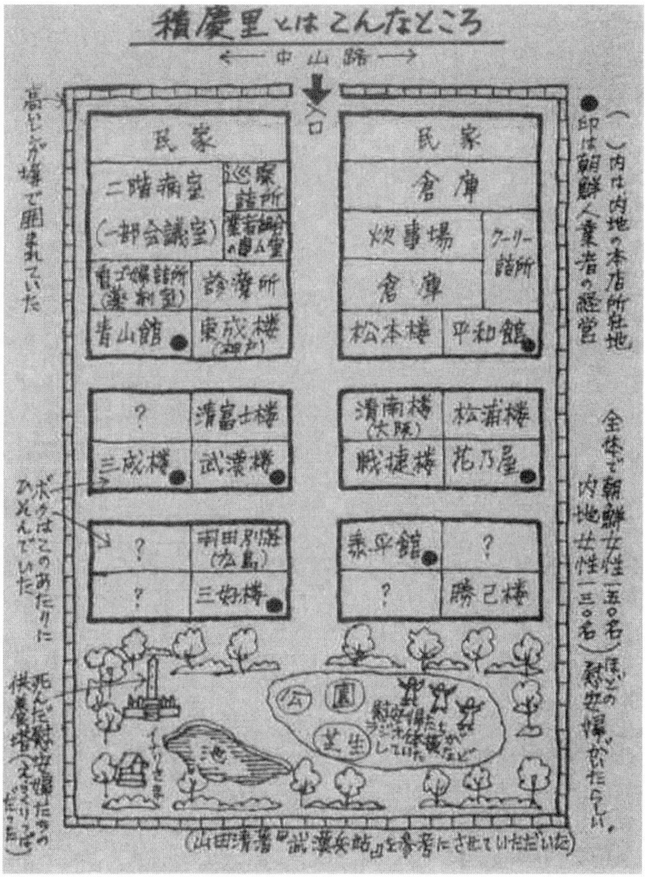

日本兵记录的武汉汉口积庆里慰安所群示意图

（户井昌造《戦争案内》案内，品文社版）

这样，中国女性便成了日本军国主义手中的重要的战争资源。

① 《远东审判案》，备用资料第103册，第51章，第342页。

② 金一勉：《天皇の軍隊と朝鮮人慰安婦》，第20页。

慰安所的类型和分布

侵华日军设立的慰安所，名称五花八门。(表 1)最常见的便是“某某慰安所”，此外，还有“安乐所”、“娱乐所”、“招待所”、“慰安营”、“慰安寓”、“军中乐园”、“快乐房”、“俱乐部”、“后方设施”等名称。

表 1　日军慰安所的名称举例

地点	名称	地点	名称
山东济南	皇军招待所	上海吴淞路海宁路	军之友社
河南朱仙镇	芙蓉队	海南保亭	快乐房
上海虹口	行乐所	南京夫子庙	日支亲善馆
山西	慰安营	海南岛	慰安丽
黄流机场	军中乐园	安徽安庆	日支馆
江苏镇江	关东舞伎馆	广东中山	军人俱乐部
江西九江甘棠湖	军官俱乐部	河南邓县	慰安团

就其经营方式、所属关系而言，慰安所大致可以分为以下五种类型。

第一种类型是日军直接经营管理的固定的慰安所，它专供日军官兵使用。从笔者的调查和所见的史料分析，日军直接经营的慰安所是慰安所类型中最普遍的形式之一。其主营单位，

上至方面军、师团、旅团，下至联队、大队甚至警备队或小队。例如占领海南的日军第 15 警备司令部所部“每个中队设一所慰安所”，一个慰安所通常拥有三十余名“慰安妇”①。

① 符和积：《铁蹄下的腥风血雨——日军侵琼暴行实录》，海南出版社 1995 年版，第 99 页。

海军下士官集会所是日本海军在上海设立的慰安所。今峨嵋路400号，当年日本兵入所购票的接待处保存完好

（李君益2015年摄）

前面所述的上海杨家宅慰安所便是日本华中方面军的东兵站司令部设立的。上海的日军直营的还有万安路陆军慰安所、第一师团丰田纺织厂慰安所、峨眉路400号海军下士集会所、虹口行乐所、千田部队慰安所、浦东旗昌栈陆军慰安所、崇明庙镇日军据点慰安所等。① 日军第16师团在其先后驻屯的长春、沈阳（时称奉天）、旅顺、大连、满洲里、齐齐哈尔等地广设慰安所。

在战火中建立的军直营慰安所，有种种战时形态，比如，大量的慰安所在建立时依靠掳掠或强制征用当地妇女建成。见之于当时记载，1938年，日军刚占领上海时，就大肆抓捕中国妇女，直接押送到北四川路（今四川北路）的虹口大旅社，门口有宪兵站岗，这里成了日军控制的慰安所，②实际上这就是1996年联合国人权调查委员会为日军慰

① 详见苏智良、姚霏、陈丽菲：《日军上海慰安所实录》，上海三联书店2005年版；四川建川博物馆收藏：《荻岛静夫日记》，人民文学出版社2005年版等。

② 详见范式之：《皇军的兽行》，战时出版社1938年版，第109—110页。

南京傅厚岗 28 号，原是国民党中央委员公馆，战时这里成了日军军官慰安所

（苏智良 1998 年摄）

安所定义的“合法的强奸中心”①。同样性质的记载，还有一个日军于 1938 年设在北四川路横浜桥相近某银行旧址的“行乐所”②，“该屋各层有极暖之水汀，其最低一层，有日兵在无锡、浦东各地所掳之我国良家妇女，自十七八岁者，约数百人，皆一丝不挂，面有愁容，而日兵则川流不息其间，任意选择性的满足。如任何女子有不从者，皮鞭立至”。③

跟随战事的推进而匆忙建立起来的慰安所，有的甚至连名称也没有。战犯秋田松吉供认：自 1940 年 2 月至 1941 年 5 月，日军第 43 大队第 3 中队山东省章丘县南曹范分遣队长山根信次伍长以下 15 名在南曹范盘踞期间，我任该队一等兵步哨。山根伍长通过伪村公所强制带来 5 名中国妇女作“慰安妇”。我们 15 人对该 5 名中国妇女进行了一年零五个月时间的淫污。④ 在山西盂县、武乡等地，日军在与八路军对峙的艰苦环境

① Ms. Radhika Coomaraswamy, *Report of the Special Rapporteur on Violence against Women, Its Causes and Consequences*, in accordance with Commission on Human Rights resolution, 1996, UN Doc. E/CN. 4/1996/53.

② 这个“虹口行乐所”地址位于横浜桥堍的虹口区第二工人俱乐部境内，现已拆除。

③《上海的地狱——敌寇的行乐所》，《大公报》1938 年 2 月 27 日。

④《秋田松吉 1954 年呈供自述》，中央档案馆藏。

中,时常将抓到的农村妇女控制在炮楼里,那里就成了"合法的强奸中心"。经过长期的调查所知,当地愿意站出来指证日军新奴隶制暴行的受害者至少有60人。在海南许多地方,日军也是任意将女性抓入军队据点作为性奴隶使用。如在澄迈,"一发现稍有姿色的女青年都抓到军部里充当'慰安妇',专供其玩乐。日军每个中队都设有一所'慰安所'。驻金江中队'慰安所',设在今江乐善堂旁边陈国宗的家里,全所有'慰安妇'30余人;陈国宗一家被驱逐到别家居住,楼上楼下几百平方米全部供"慰安妇"居住,四周用铁丝网团团围住,并设专人管理,关在里面的'慰安妇'是无法逃跑的,外人也无法进去;驻石浮中队的'慰安所'设在石浮岭的军部里。全所有'慰安妇'20余人。也是用铁丝网围住,派专人看守和管理。"①强制征用和随意抓捕中国女性作为日军的性奴隶使用,在中国的日军占领区,是非常普遍的现象。

第二种形式上是日侨民间经营的,但日军也插手管理的为军人、"军属"服务的"军督民办"式的慰安所。这类慰安所多是军队委托日本侨民设立的,数量也不在少数。军队主管部门对这类慰安所具有监督、指导作用,如向业者提供建筑物,规定营业细则、时间、费用,协调各部队利用的日期,以及卫生管理等。因此,这些慰安所与日军有着极为密切的联系。

自九一八事变后,日本的卖春业者便成群结队地涌入东北,在关东军的驻地周围设立了大量的"料亭"(供将校使用)和"游廓"(供士兵使用),后来这种花柳街随着战争的扩大而推广到中国各地。这些日本的娼业主往往是通过贿赂军官而得到特权,开设慰安所谋取暴利的。如1940年秋,当日军刚刚占领宜昌时,日侨便在营地旁边开设了"晓馆"、"紫罗兰"和"五月庄"三个慰安所②。

第三种是由日军指定的、专供日军官兵使用的民间妓院形态的慰安所。日军遴选确定妓院名单后,便指派军官或宪兵去妓院负责指导,提供避孕套、避孕药,定期对"慰安妇"进行身体检查等,将其改造成适合接待官兵的慰安所。这类慰安所往往除了日军官兵可以使用外,一般的日本人也可以进出。从而形成所谓的"军民同乐"的局面。

这类慰安所在上海、武汉、北平等大城市较多。如上海的"大一沙龙",原是日侨白川、近藤相继经营的招待日本人的妓院,1932年初被海军指定为专用慰安所,地址在东宝兴路125弄,前后拥有3幢建筑,"慰安妇"有30人左右。

---

① 朱永泽口述,雷丁华整理,《金江、石浮"慰安所"见闻》,符和积:《铁蹄下的腥风血雨——日军侵琼暴行实录》续册,海南出版社1996年版,第99页。

② 金一勉:《天皇の軍隊と朝鮮人慰安婦》,第124页。

上海"大一沙龙"慰安所旧址内至今保存着富士山的木雕

（苏智良 1996 年摄）

第四种是日军或民间经营的流动式慰安所。这种流动慰安所之所以会产生，是因为"慰安妇"人数不能满足日军官兵的需要，或有些占领地处于前线，或限于条件不能设立慰安所，因此，日军便利用汽车、火车、轮船甚至马车等组织流动慰安所，将性奴隶送到日军急需的前线等地。

例如关东军曾定期开设慰安列车。1933 年 5 月，关东军组织的第一列慰安列车开出。1935 年 5 月，第二列慰安列车有了很大的改进。它设有发电车厢、卧铺车厢、餐车、娱乐车厢、医疗车厢、货车厢和装甲车厢等，车上各种乘务、医疗、演员、警备等人员共有 1000 人以上。该慰安专列受到关东军官兵的热烈欢迎，春夏秋三季在东北各地奔驶，共达 260 天。接待了 1 万人。每当慰安专列要启动前，关东军便会在沿线贴出告示："某月某日某时在某车站特设慰安所，请利用。"关东军还经常出动卡车，将"慰安妇"运至偏僻的军营为零星的日军部队提供性服务。在这些卡车上，"慰安妇"们吃喝睡觉都在军用卡车上，到了一地，经营者便用木桩、木板和毛毯等搭成一个简易的临时慰安所，士兵们排着队进去接受"慰安"。有时，"慰安妇"少而士兵多，"慰安妇"们被摧残得太厉害，躺下后再也无法爬起来，最后像死人一样地被抬上卡车，然后再驶往下一个目的地。

从新发现的资料分析，这种流动慰安所并不局限于东北一地。1938年底，日华中方面军第11兵站司令部曾组织一批朝鲜半岛和日本本土的“慰安妇”，从上海坐火车前往杭州，途中这列火车便成为了流动慰安所，在嘉善、湖州、长兴等地待了很长的时间。在长沙，日军经营的慰安所在周末将“慰安妇”送上卡车，然后运至山奥的日军据点。巡回结束后再将“慰安妇”运回城内。在河北石家庄到顺德的铁路线上，日军也曾设立过流动的慰安列车，前后还有装甲车守卫。

还有的慰安所兼有固定和流动两种职能。其在某地有固定的建筑，但也要季节性地组织“慰安妇”到周边地区作巡回“慰安”。如海南海口市、三亚市的一些日军慰安所，除了接待当地日军官兵以外，还要每月轮流分批到较远的兵营、据点去，每批十多人。海南那大市的慰安所则按照日军的命令，将“慰安妇”分成数个小队，随时到周围的日军据点去“服务”。

海南东方县新街镇日军慰安所遗址

（苏智良2000年摄）

第五种是日军指使伪政权或胁迫中国的娼业老鸨开设的慰安所。这类慰安所主要集中在城市。据成文于1938年6月的《日寇暴行纪略》记载：日军占领苏州后，立即“逼着维持会的汉奸，四处搜罗妇女，替他们‘解除寂寞’；丧心病狂的汉奸们，居然也于数日奔走之后，找了一两百个可怜的女同胞，（被）关在一个大庙里，整天不能穿上衣裤，任凭川流不息的兽兵，作大规模的‘集团奸淫’。”①日军占领南京后，也立即命令汉奸王承典、孙叔荣和乔鸿年等，掳掠当地年轻妇女一百多人在傅厚岗、铁管巷等地建立慰安所。1938 年 2 月，他们又在山西路口设立上军北部慰安所，在铁管巷四达里设立上军南部慰安所，4 月，在夫子庙贡院街同春旅社和市府路永安里设立了两处“人民慰安所”。

① 国民政府军事委员会政治部:《日寇暴行纪略》，转引自王钟伦、刘太亨:《国人依法起诉侵华日军》，第 61～62 页。

日军对慰安所的管理

为日军部队配备"慰安妇"、设立慰安所是二战期间日本军队的一项基本制度。因此，在"战争高于一切"的口号下，日本政府的内务省、厚生省、警察部队、各县都府与陆军省、海军省积极合作，均为慰安所的设置、管理提供便利条件和许可。所以，日本政府和日军与慰安所之间有着千丝万缕的联系。

从史料中可见，日军设有管理慰安所事务的机构和人员。自陆军省而下，日军基本在军一级机构设置管理慰安所的机构或军官(岗职)。通常由参谋部、军医部、管理部共同负责慰安所事宜，也有在酒保部或兵站下面设立专门管理慰安所的机构，有的称之为"某某科"，有的则直接命名为"慰安所科"、"慰安妇股"。如在关东军里是由司令部参谋第三课负责慰安所事宜。驻屯上海的第 7331 部队，则专门设有慰安所科。① 在武汉的日军第 11 军兵站也设有慰安所科，由将校 2 人、下士官 2 人、士兵 4 人共 8 人组成。其职责是管理"慰安妇"、监督慰安所运营。史料记载，每逢"慰安妇"到达民营慰安所时，兵站慰安所科即协同慰安所的老板一起，查验"慰安妇"的照片、户籍抄写本、警察的许可书、地方政府颁发的身份证明书、病历等。②

颁发许可证，并提供慰安所的建筑物。不管是日侨还是汉奸等，要设立慰安所均须得到日军的批准，相当数量慰安所的建筑是由日军提供的。1937 年 11 月，日军占领上海后，为大量开设陆军的慰安所，他们便将江湾一带中国人的民居交给日本侨民。万安路 745 号(今公安派出所)、588～594 号(今新华书店)、769 号(今为民居)、奎照路 528 弄(今江湾中学)等均成了陆军慰安所。最出名的是万安路 745 号的日军慰安所，这里原是江湾镇首富严穗秋的公寓，八一三事变后，日军占领了这里，严氏全家往内地避难。1938 年春，日侨从陆军手中接收该建筑，将它建成为江湾地区最大的慰安所。

---

① 吉见义明:《従軍慰安婦資料集》，大月书店 1992 年版，第 271 页。

② 详见山田清吉:《武漢兵站》，图书出版社 1978 年版。

根据我们的调查，这个江湾慰安所遗址就是万安路745号

（苏智良1998年摄）

日军占领一地后，或自己经营建立慰安所，或将占有的房屋移交日侨开设，由于房屋原来用途不一，因此，形成慰安所的建筑五花八门。有的是日军自己修筑的，如杨家宅娱乐所，但更多的是利用原来建筑设立的，像民居、旅馆、商店、饭店、学校、浴室、公园、教堂等，甚至还有窑洞、庙宇等。（见表2）

表2 设置慰安所的建筑物举例

地点和慰安所名称	建筑物原用途	地点和慰安所名称	建筑物原用途
安徽全椒县城	环清池浴室	浙江富阳	城隍庙
安徽合肥	江淮旅社	海南长流新李村	学优公词
安徽太湖县	西风洞庙	上海湖月慰安所	林家花园
广州附近官窑山	窑洞	上海海军慰安所	虹口大旅社
河北祎子院慰安所	民居	上海陆军行乐所	银行大楼
南京慰安营	木板简易房	山西盂县西潘乡	窑洞
南京人民慰安所	同春旅社	海南	椰树盖的房子
扬州仙女庙镇	浴室	湖南临湘朝日屋	食堂
江苏盐城	迎宾旅社	安徽蚌埠	仓库

提供“慰安妇”或者允许征集“慰安妇”，并为“慰安妇”的输送提供方便，给她们颁发通行证、登记证等。中国台湾和朝鲜、日本等地的“慰安妇”被征发到前线去，需要日本政府的认可，这一职责由地方政府和警察共同担当。核准后发给“出国证明书”，这种证明书有些至今还保存在日本警视厅和外交史料馆。如 1937 年 11 月 30 日，福冈县知事在致内务大臣和外务大臣的公函中有一件是应日本人间狩源治的要求，允许 2 个朝鲜女子到上海担任北四川路海军慰安所的“酌妇”的证明材料。再如 1938 年，大分县知事为征集到的济南“皇军慰安所”的“慰安妇”，向外务省请示发放证明书。

日本“慰安妇”庆子坐在军舰上从日本运往中国

（麻生彻男：《上海より上海へ》）

90 年代发现的伪天津特别市政府的文件表明，1942、1944 年日军天津防卫司令部曾命令该傀儡政权强征当地妓女去日军部队，担任 3 个月的短期“慰安妇”。

按照日军的规定，军方船只等所能装运的“动物”为 5 种：军人、军方聘用人员（日语称“军属”）、军马、军犬和军鸽。连护士也必须补办雇佣手续后才能登船。为了尽可能不留下“慰安妇”的罪证,军方往往不愿意正式履行输送“慰安妇”的手续,因此,在“慰安妇”的运输时,她们不是作为“人”来运输的,而是作为“军用品”而暗度陈仓。如 1937 年底,日军华中方面军在关西地区征集 104 名妇女前往上海,当这些女子登上“海运丸”时,便是作为“军用品”而进入底舱,与军马、炮弹等为邻。

制定慰安所规章(规定、章程等),确定营业时间、收费标准、注意事项等。日军为了有效地管理和利用慰安所,对日军官兵、慰安所的经营者和“慰安妇”,分别制订了各种规定。上海派遣军制订的杨家宅慰安所《慰安所规定》,后来几乎成了日军各地慰安所的样板而普遍使用。日军广东中山警备队颁布《军人俱乐部的利用规定》,指出,食堂为第一军人俱乐部,慰安所为第二军人俱乐部;部队的副官对俱乐部具有统辖、监督、指导之权;使用慰安所的费用:士兵每 30 分钟 6 元储备券,下士官 9 元,将校等 11 元;营业时间,士兵上午×时到下午 3 时 30 分,下士官从下午 4 时到 8 时,将校等从晚上 8 时到深夜。该旅团的远山队的《关于外出及俱乐部的规定》,其内容与杨家宅慰安所的规定相比,增加了严禁士兵个人外出的规定,以及松月军人俱乐部即松月慰安所必须每天向部队报告:每个“慰安妇”的营业额,来所人员数量,避孕套的使用数等。

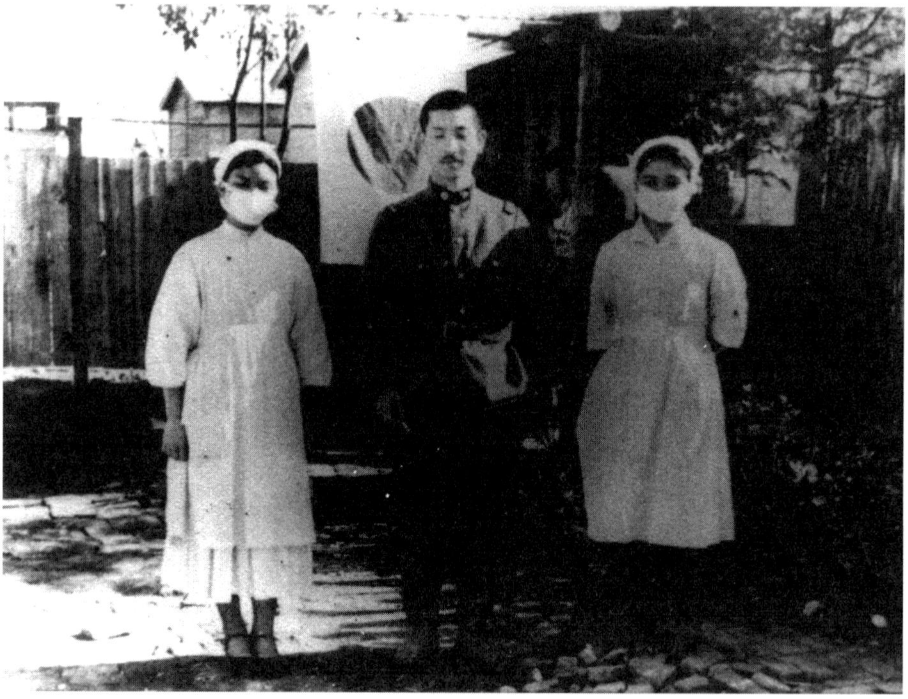

日军军医和护士在杨家宅慰安所前留影

(麻生徹男:《上海より上海へ》)

对官兵的规定有：一、不准喝酒。独立步兵第13旅团广东中山警备队的军人俱乐部规定：禁止“带浓郁酒气者”利用；有的写有“不得有酩酊大醉后之暴力行为”。当然事实上这类事件仍不时发生。华中派遣军宪兵队司令部在《昭和十七年十一月军人军属非行表》中，记载“到慰安所登楼殴打‘慰安妇’，或拔刀破坏招牌”等10起事件。二、不准在慰安所内进行饮食活动。三、不准带“慰安妇”外出。四、利用慰安所的人员，必须时刻警惕，细心防谍。五、一旦发现什么问题应向部队副官报告。此外还有其他的一些详细的内容。

各个慰安所的价格多是由军队决定的。在开办上海杨家宅慰安所时，是否要支付费用，日军内部尚有分歧，一些军官认为，士兵在前线流血打仗，去慰安所不应付钱，但大多数军官认为慰安所的管理需要大量的开支，官兵去慰安所的机会不是均等的，应该支付费用，于是，日军兵站司令部确定士兵、士官利用时为2日圆，军官则为5日圆。此后，日军慰安所基本上实行有偿使用，而且，杨家宅娱乐所的这个价格后来成为很多大城市内慰安所的“指导价格”。当然这些钱不是支付给“慰安妇”的，而是经营慰安所的老板的。

当然即使是同一城市，慰安所的价格也不是完全相同的。（参见表3）

表3　日军官兵进入慰安所价格举例　（单位：日圆）

地点或名称	日本“慰安妇”	朝鲜“慰安妇”	中国“慰安妇”	备注
上海公共租界	2	1.5	1	俄、德、法国女子2
安徽安庆	1.7	1.7	1.5	
广东某些海岛	免费	免费	免费	
河北易县	5～8	2.5	2	
内蒙古		2	1.5	
湖北汉口		1.6	0.6	
中苏边境阿尔卑斯山	5	1	0.5	
广东	1	0.8	0.5～0.6	
黑龙江东宁			0.2	

还有一些慰安所是日军向其官兵免费提供的。如设在上海虹口大旅社的“行乐所”，即是陆军某些部队建立并向其部队免费提供的。

指定或协调各部队使用日期和时间。在日军官兵数量远远超过慰安所的接待能力的情况下，日军的后方参谋或副官会予以协调。如驻屯常州的日军在1938年1月20日设立了军队经营的慰安所，并命令各部队依照下列时间“光顾”慰安所：

星部队	星期日
成田部队	星期六
栗岩部队	星期一、二
阿知波部队	星期五
松村部队	星期三、四
村田部队	星期日

这样，便能最充分地利用“慰安妇”的资源来为其军队服务。

不少慰安所还规定，只有日本籍的官兵才能进入慰安所，接受“慰安”，而被征用到前线的韩国兵和“台湾”兵不准享受这一待遇，违者将受到严惩。一次，在海南澄迈县，一个“台湾籍”日本兵眼看日本籍官兵兴高采烈地每日进出慰安所，心急难熬，便悄悄溜入慰安所销魂，结果被发现，当场被打得昏死过去，然后他被抛出门外，好久才苏醒过来。

海南黎族幸存者黄有良来到三亚藤桥慰安所旧址前，百感交集

（苏智良 2000 年摄）

安全套和“星秘膏”

定期检查“慰安妇”身体，预防性病；并提供避孕套等。日军上下对防止性病流行极为重视。1940 年 2 月，华北方面军的军医部曾颁布《对干部进行卫生教育顺序》一文，指出：“严防花柳病损害身体，破坏家庭，以致亡国。”①当日军强征“慰安妇”时，日本军医便介入身体检查，以确保所谓的“质量”；为了防止“慰安妇”感染性病，并将性病传染给日军官兵，日军上下对性病检查极为重视，一般由军医用内窥镜等工具检查阴道，没有问题的场合，军医会打一下“慰安妇”的屁股，然后说：“合格了。”他们还采取各种措施，控制慰安所的卫生条件，强制使用安全套。并由军医对“慰安妇”定期进行性病及其他疾病的检查。

1945 年 7 月，日军在强征 25 名中国妇女到山东莒县充当“慰安妇”时，于 8 月 1 日派同仁会医院院长荒木一郎进行检验，合格后才放行。不少慰安所规定，“慰安妇”每周检查一次，至少每两周要进行一次检查。这种检查通常由日军的军医负责，一旦患有性病，该“慰安妇”将被隔离治病，痊愈后才能接待官兵。而在偏僻之处，一些患有严重性病的“慰安妇”，甚至被日军杀死。

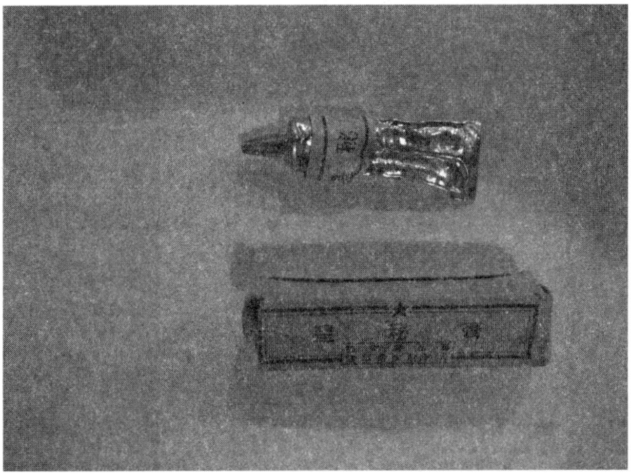

上海师范大学中国“慰安妇”历史博物馆所藏的日军使用的“星秘膏”，上面写着“陆军需品厂、陆军卫生材料厂”出品

（方奇 2016 年摄）

① 川田文子：《皇軍慰安所の女たち》，筑摩书房 1993 年版，第 220 页。

日军设立慰安所的初衷是企图让这些在健康方面有保障的“慰安妇”来有组织地可靠地解决官兵的性问题，以免官兵因难忍性饥渴而冒染上性病的危险去各种妓院或强奸民女。在慰安所普遍建立之后，日军明确规定：严禁不使用安全套的官兵与“慰安妇”发生性交。这样，安全套便成了军队必备的军需品。这种安全套用优质橡胶制成，早在战争初期，安全套就已被作为前线急需的战略物资而紧急运输到中国。这种军用安全套上，竟还印着 4 个日本汉字：“突击一番”，意思就是进攻先锋。日军士兵则把它称作“钢盔”，意为它能避免性病的入侵。1942 年 3 月 30 日，陆军省经理局副官在给陆军军需品总厂厂长的《关于整备阵中用品文件》中写有安全套等 12 种防疫材料，其中安全套为 1530 万只。根据日本学者林博史的研究，这个数字是“补给基准数量”，它只是实际需要量的 80%左右。这样，日军全年的安全套需要量是 1912.5 万只。当时在国外日军为 170 万人，也就是说，他们每人可获得 11 只安全套。我们再来分析一下侵华日军 1942 年得到安全套的情况。

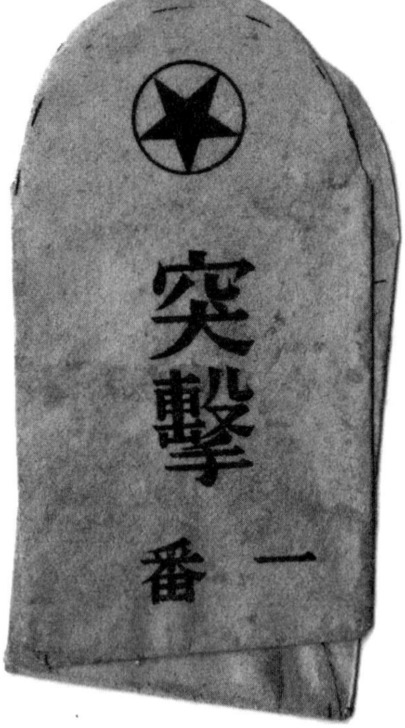

上海师范大学中国“慰安妇”历史博物馆收藏的日军使用的“安全套”，纸袋上印着“突击一番”

表 4　1942 年侵华日军部队交付安全套一览

受付部队	交付次数	交付数量	军队兵力	人均数量
关东军	2	900 万	60 万人	14
华北方面军	1	210 万	60 万人	20
华中方面军	1	745 万		
华南 23 军	1	262.5 万		
共计		2117.5 万	124 万人	人均 17 个

从表四中可见，关东军和关内日军平均每人当年得到安全套 17 个。是年加上东南亚日军所得到的，日本共向中国和东南亚的日军交付了 3210.3 万个安全套。从中也可以想见慰安所的规模。到了战争的后期，由于物资缺乏，安全套的质量日益下降。老兵

后藤(化名)曾作证,1945 年时,他在江苏徐州当通讯兵,上级发下来的,竟是用羊肠做的安全套,使用时自然是很不舒服的。

雷桂英从南京高台坡慰安所逃离时,携带了“消毒剂”高锰酸钾,一直保存在家里。今天这些高锰酸钾保存在上海师大中国“慰安妇”历史博物馆和侵华日军南京大屠杀遇难同胞纪念馆等处

除了安全套以外,日军还使用其他的避孕和预防性病的措施。前引的华北方面军文件规定,禁止酒后性交,进入“慰安妇”的房间要首先确认“慰安妇”体检合格证书,除使用避孕套外,还须使用预防性病的“星秘膏”,甚至还详细到性交前先在阴茎上涂抹少量药膏然后再套上安全套,并在避孕套的外面再涂上药膏;性交后要立即排尿,清洗消毒等。还有不少日军部队规定,“慰安妇”在接待士兵前后必须要“确实洗涤”。在一些慰安所的入口处,备有洗涤设备,在一个盛有高锰酸钾溶液的玻璃瓶上,垂下一根橡皮胶管,在性交结束后,用以冲洗生殖器。在南方,日军要求“慰安妇”们按规定时间服用“预防丸”。在上海等地,日军强逼“慰安妇”们注射一种 606 抗生针剂,以预防性病。据说这种针剂防止梅毒很有效,但这也成为“慰安妇”们终生不孕症的原因之一。还有的逼迫“慰安妇”定期服黄色的奎宁药片,相当部分的“慰安妇”由于长期服用奎宁,体内产生严重的副作用,导致一生都无法正常怀孕。

另外,日军为了消除一些“慰安妇”怕失面子的顾虑,有时会非常细心地将本地籍的“慰安妇”调往外县。

派出部队押送"慰安妇",保卫慰安所的安全。在笔者的调查中,有很多证词指出,日军对慰安所的安全十分重视,他们派出岗哨 24 小时守卫,有的还有宪兵驻扎或巡逻。其目的除了警卫之外,还有防止"慰安妇"逃跑之意。如海南的石碌慰安所,四周均设有警戒网,日夜有日军站岗巡逻,一旦发现"慰安妇"逃跑,有的被当场活活打死,有的被脱去衣服后吊在树上毒打,还有电刑、灌水等酷刑①。

在非军队直接经营的慰安所内,军队负责监督慰安所的经营,并要向慰安所征收"特别营业税"。慰安所的经营者须定期向军队汇报经营状况。如官兵来所的人数、"慰安妇"的身体状况、慰安所的收支等。在 1945 年战争结束时,美军收缴的日军文件中就有《慰安所一月营业报告书》及其规定的用纸,慰安所方面必须根据这一格式写出,以便向军队报告。1944 年 5 月,广东中山南部警备队在其《军人俱乐部使用规定》中明确规定,作为"第二军人俱乐部"的慰安所,其业务有军队的副官统辖、监督和指导,部队的主计官担任业务经理。

所谓的"特别营业税"通常是由日本驻军司令部发出的,为了简化手续,减少环节,军方向前往慰安所的部队发放免税票,官兵再凭着这些票证到慰安所去,最后由慰安所的经营者将收到的免税票抵现金交还军队责任部门。

这种慰安所的营业税,是日军向慰安所的经营者和"慰安妇"征收的。关于军队向慰安所征税的最直接的根据是战后所找到的大量的慰安所免税票。此外,发现的日军文件中也有此类内容。如陆军省《陆支密大日记》的第 6 号中的《召集团特务部月报》(1940 年 4 月)里就载有对慰安所征收税金的内容。该月报刊有《南昌市政府关于取缔乐户和妓院及征收营业税暂行规定》,该规定的第 9 条称,妓院分为一、二、三种,除规定每月征收各自的营业税外,还可以免除 3 个月的纳税。1992 年 4 月,日本国会议员社会党的清水澄子曾在参议院预算委员会会议上指出:她获得了昭和十九年(1944 年)日本陆军在满洲使用的慰安券和驻屯军司令部发行的特别免税票。有人回忆:这种免税票在中国东北石门子的 1013 部队使用过,在星期日使用者特别多,有时一个慰安所,来 40～50 名军人,而持有这种票的就有 12～13 人。拿着这种免税票到慰安所,本应花 1 日圆 50 钱的,即可免去 50 钱。所以,清水澄子指出:"大力推进设置慰安所,不仅是为了解决军队官兵的性的问题和维持军队纪律,它和贩卖鸦片一样,是为了军队自身能攫取财源,得到意外的收入。"②在有些慰安所,日军还要强迫朝鲜"慰安妇"等用得到的小费等可怜的血汗钱参加军事邮政储蓄,这些储蓄后来因日本战败而不了了之。现在当事

① 符和积:《铁蹄下的腥风血雨——日军侵琼暴行实录》,第 745 页。

② 《神户新闻》,1992 年 4 月 9 日。

日本发行的军票，战争结束后成为了一堆废纸

人大多已亡故，因此，这笔账更无法算清了。

从以上事实中我们完全可以认定，日本政府各个部门，如外务省、海外使领事馆、内务省、陆军省、海军省、警察系统、宪兵队、“台湾”总督府、朝鲜总督府等直接或间接地参与了慰安所的建立与运作。日军不仅直接参与了慰安所的建立、运营和管理，而且慰安所体系就是军队指导和组织开设的。所以说“慰安妇”制度是日军的基本制度之一，这是铁的无可辩驳的事实。

中国是“慰安妇”制度的最大受害国

日本自侵华战争开始后，在日军中推行配备“慰安妇”的制度，随着战争的蔓延，慰安所也广泛地设置于中国各地。从城市到农村，从沿海到内陆；从大部队到警备队、小分队，甚至前线的据点、窑洞、地堡里都设有慰安所。

山西大同的日军慰安所——日华亭

（韩天才 2014 年摄）

1941 年太平洋战争爆发后，慰安所又从中国推广到了东南亚各地。主要有菲律宾、新加坡、泰国、缅甸、马来亚、印度尼西亚、新不列颠群岛、新几内亚等。

日本政府和军部为其侵略军队有计划按比例地配备“慰安妇”。表五是根据日军老兵的回忆而勾勒出的日军官兵与“慰安妇”的人数比，由于战败时日军大量销毁有关“慰安妇”的档案，也由于日本政府至今未公开有关“慰安妇”的全部历史文件，要准确指出日军与“慰安妇”的比例是较为困难的。尽管如此，我们仍可以通过对各种资料的分析，而接近历史的真实。例如根据关东军的作战计划，1941 年，它准备动员七十多万人的军队和 2 万人的“慰安妇”，其比例为 35.5∶1。1942 年，台湾人陈发被日军强征至海南岛的江头部队担任翻译，他所在的部队驻地很分散，日军每月定期派“慰安妇”前来，每 20 名官兵一次配送 4 名“慰安妇”，服务时间为 7 小时①。

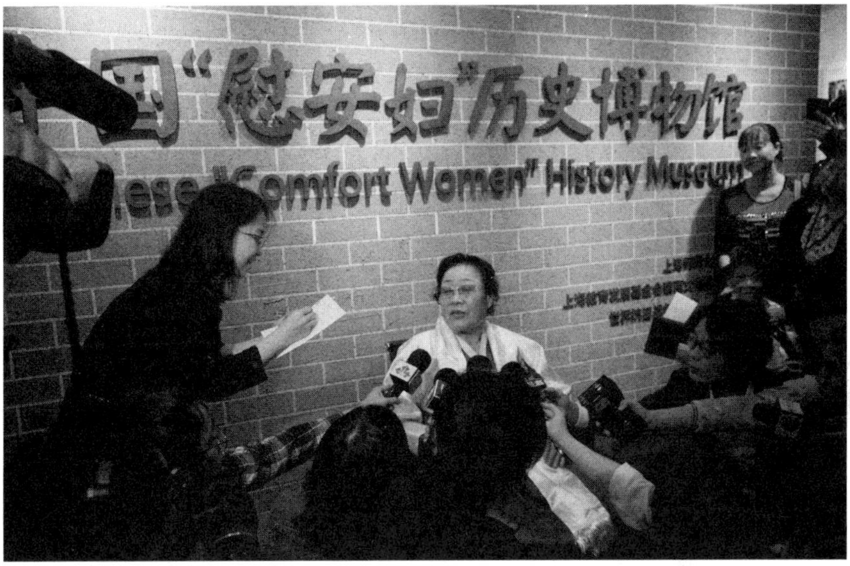

韩国受害者李容洙来到上海，讲述被迫到台湾受害的苦难经历

（陈斌 2016 年摄）

表 5　日军官兵与“慰安妇”的人数比（部分北方地区）

年代	地域	官兵人数	“慰安妇”人数	官兵人数比“慰安妇”
1937	三江省	500～600	10	50～60
1939	石花庄	50	1	50
1940	清阳	1000	20～30	35～50
1941	城子江	1000	15	66
1942	东宁	5000	130～140	35～38
1943	承德	1000	20	50
1944	榆树屯	500	10	50

① 《联合报》，1992 年 2 月 10 日。

这个表格自然是不全面的。因为，日军小部队自己抢掠来的“慰安妇”多不在统计之列。

战争时期，日军总数达300万人左右，因此，配备的“慰安妇”人数是相当多的。而且由于日军的野蛮摧残，“慰安妇”的死亡十分普遍，“慰安妇”死亡或失去作用后，日军便会迅速抢掠妇女来补充。所以，“慰安妇”的更替率是相当高的。

根据笔者的长期研究，文献分析与田野调查相结合，并综合国内外学者的成果，认为二战期间日军“慰安妇”人数应在40万人以上。

按照国籍区分，主要有中国、韩国、日本、东南亚和白人“慰安妇”。朝鲜半岛作为日本的殖民地，日本强征所谓的“女子挺身队员”，至少有14万韩国妇女背井离乡，充当军事性奴隶。太平洋战争爆发后，战火蔓延到东南亚，当地的妇女包括大量的华侨女子也被日本掳掠为“慰安妇”。战争中还有数百名法国、荷兰、澳大利亚等国的白人妇女也曾落入火坑。在“慰安妇”中，日本妇女是有别于前面受害国的特殊的一群。她们中相当部分最初基本是自愿到前线去的，以肉体为天皇的日本国家出力。甚至在战争的最后关头，她们中的一些人还挣扎着参与对受害国的战斗。当然，她们作为女性，遭受了性奴役，同样蒙受了很多苦难。她们的存在，并不能改变二战时期日军“慰安妇”作为军事性奴隶的基本性质。

朝鲜受害者朴永心从南京、缅甸到云南，1944年被中国远征军解救，当时已怀孕

（美国国会图书馆藏）

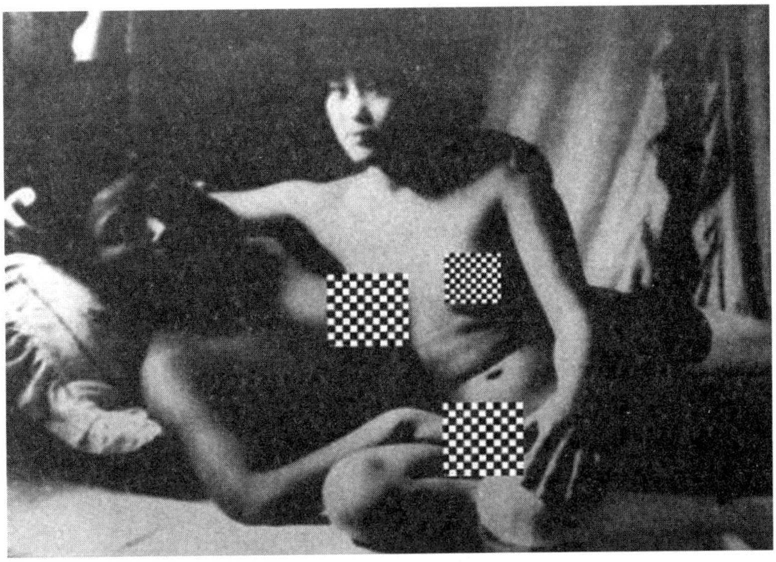

在云南腾冲，日本兵强迫朴永心拍摄了裸体照片。这些照片被照相馆的老板保存下来

（陈祖梁先生2000年提供）

2003年，朴永心老人接受中国“慰安妇”问题研究中心的邀请，再返南京，确认了受害地利济巷。回忆往事她不禁热泪盈眶

在各国“慰安妇”中间，中国的“慰安妇”人数最多。这是因为，征集中国妇女充当日军性奴隶是日本最高当局和军部直接策划，各地日军积极实施的有组织、有计划的行动。从抗战初期开始，日军将其日益规范化、保密化和合法化；还因为中国战场的持续

时间最长，地域最辽阔，日军的慰安所主要设在中国各地，日军每占领一地，便心急火燎地掳掠当地妇女建立慰安所。如1937年底，日军在苏州掳掠了2000多名妇女，无锡则有3000妇女被日军裹胁，在杭州一地被抢的妇女达到2万人。日军在各地的慰安所数量也是非常多的，从目前调查的状况看，南京的慰安所至少在60个以上，武汉的慰安所也有这个数量。海南岛的日军慰安所有70多个，而根据笔者的调查，上海的各类慰安所至少有170个。所以，中国"慰安妇"的人数也就最多。笔者保守估计，中国妇女沦为日军性奴隶的达20万人以上。

在各国的"慰安妇"中处于最底层的中国"慰安妇"的遭遇最惨、受害最深，很多妇女是被抢掠或欺骗来的，稍加反抗就被残杀。因此死亡率也最高。中国"慰安妇"的年龄跨度很大，年长者40岁，甚至50岁，年轻的20岁不到，甚至有不少还是少女或幼女。(参见表6)如日军在海南保亭县设立"快乐房"，强招当地黎族少女充当性奴隶，年龄最大的20岁，最小的只有16岁。中国女性还被强征到缅甸、马来亚、印尼等地充当日军的"性欲处理对象"。

表6　中国"慰安妇"年龄举例

地点	所属日军部队	人数	年龄
广东广州	第1师团水户联队		18～23
河北易县		4	17～30
广东钦县		6名台湾妇女	14～18
海南保亭县		13名黎族少女	16～31
海南乐东县		3个汉族12个黎族	19～25
海南乐东县		周某某	19
海南乐东县		吴某某	19
海南乐东县		高某某	20
海南乐东县		阿燕婆	21
海南新盈镇	川冈部队	刘某某	18
海南那大	舞鹤第一特别陆战队	21名妇女	16～18
海南石碌		300名妇女	17～30

日军是怎样强征中国“慰安妇”的

早在日本对华战争爆发以后，日军高层便号召部队“抢粮于敌”，“在当地自己养活自己”。① 在这一口号下，日军需要的各种物资及补给品均抢自中国战场，其中当然也包括性奴隶——“慰安妇”。随着战争的扩大和升级，侵华日军人数的增加，日军更加残暴地抢夺中国女子充当“慰安妇”。在中国占领地和战场上，日军主要通过使用暴力、绑架、强迫、欺骗等手段和途径来征集中国“慰安妇”。（表 7）被掳掠为“慰安妇”的中国妇女的职业有教师、工人、农民、学生、职员、尼姑、修女、店员等。

海南黎族受害者陈亚扁老人
（马建河摄）

表 7　中国妇女沦为“慰安妇”的原因举例

姓名	生年	籍贯	原因
万爱花	1930	山西盂县	15 岁时被日军拉入据点，充当“慰安妇”。
刘面换	1926	山西盂县阳泉村	同上。
冯壮香		山西盂县阳泉村	同上。
张二荷		山西盂县阳泉村	同上。
卢冬娥	1920	山西盂县阳泉村	1941 年 9 月坐月子时，被日军抓入据点。

① 井本熊男：《作戦日誌中の支那事變》，芙蓉书房 1978 年版。

续表

姓名	生年	籍贯	原因
燕平	1919	北京人，在南京读书	1937 年 12 月 31 日，被从金陵大学抓出。
王氏		安徽芜湖人	1937 年冬被汉奸抓入慰安所。
阿珠	1920	上海	在租界被广告诱骗当女职员而沦为"慰安妇"。
梁素娥	1919	南京	在金陵大学被抓，被逼为"慰安妇"。
上官莹		湖北黄陂人	1943 年被第 3 师团部队抓，1945 年获解放。
上官玉		与上官莹孪生姐妹	同上。
李连春	1924	云南龙陵县腊勐乡	1942 年 8 月在街上被日军抓到松山。
袁竹林	1922	湖北武汉	1940 年被以招工名义骗至鄂州成为"慰安妇"。
李金银	1930	山西五原	被日军抓捕为"慰安妇"。
姜章诗		江苏南京	被日军压至东北充当性奴隶。
某氏		上海	原为妓女，后该妓院改为日军慰安所。
阿建	1920	江西南昌	原为歌妓，被姐夫弄到军营成为"慰安妇"。
陈林桃	1922	山西盂县	1942 年被汉奸押入炮楼沦为日军性奴隶。
侯巧良	1928	山西盂县	1942 年 14 岁被日军抓入据点为性奴隶。
周某某	1924	海南乐东县	1943 年深夜被日军破门而入，抓入慰安所。
吴某某	1922	海南乐东县	1941 年日军包围村庄，被强逼为"慰安妇"。
高某某	1922	海南乐东县	1942 年日军入村挨户搜查被抓为性奴隶。
阿燕婆	1922	海南乐东县	1943 年到邻村去时在公路上被日军抓去。
吴惠蓉		广东广州	16 岁被日军抓来，为军官专用"慰安妇"。

日军掳掠妇女充当"慰安妇"有以下几种方式：

第一，使用暴力强行掳掠当地妇女。日军在战场或占领城乡时公开抢夺中国妇女，这种做法对于暴虐的日军来说，是最为便利的，既不需要支付任何费用，也省去了许多麻烦的手续。所以自从战争开始后，这种抢夺便遍及各地，这种场合，有时是日军自己参与抢掠，有时则通过其傀儡政权——行政人员和军事人员进行的。

1937年11月，日军占领上海后，便在城乡各处抢夺中国年轻女子，他们当众“剥掉(这些女性的)衣裳，在肩上刺了号码，一面让我们的女同胞羞耻，不能逃跑，一面又满足他们的兽欲”。① 日军占领杭州后，包围凌桥难民收容所，然后强令二百一十多名妇女脱去衣裤，堆积烧毁，以防备妇女逃跑或自缢，随后在地上铺满稻草，将抢来的棉被铺上，逼迫妇女躺在上面，夜间日本兵便成群而至，将难民收容所变成了暴虐的强奸所。在扬州，日军占领了繁华的银座街的一幢3层饭店，抢劫了60名当地姑娘，从而设立了城里最大的慰安所。日军占领芜湖后，首先要做的就是抢劫妇女。甚至到尼姑庵中劫掠年轻美貌的尼姑充当“慰安妇”。后来又在对周边地区扫荡时抢夺了不少民女投入慰安所。日军第2957部队占领湖南衡阳附近的村庄后，立即抓了两名美貌的十六七岁的少女回兵营，一个一等兵情不自禁地高呼：“从今日起开设慰安所，各位请来光顾。”②原日军特务永富博道在“亚洲战争的真实证言”国际电视会议上公开证言：在南京大屠杀过程中，有大批的中国妇女被押送到由他一手筹建起来的6个慰安所里，充当“慰安妇”。他回忆说：“1937年南京大屠杀期间，我作为日军特务机关的一名成员，专门负责诱拐中国妇女。部队从上海向南京进攻途中，我亲自负责设置了6个慰安所。在沿途，我把一些逃难的中国年轻妇女诱拐到慰安所”。③ 日军占领海南岛后，即派部队到村寨去强捕少女，供其开设慰安所。或者在强征的劳工中，挑选美貌的汉族、黎族女子投入“快乐房”慰安所。1940年日军一部侵入山西省方山县扫荡，在设立据点后，立即要求伪政权征召“花姑娘”。于是，伪政权将“花姑娘”的人数

海南临高县的黎族受害者符玉开老人

（张国通摄）

① 宋美龄：《抗战建国与妇女问题》，载重庆《中央日报》，1939年1月15日。

② 第2957部队：《戦祀》，1972年私家版，第366页。

③ 《参考消息》，1998年9月19日。

摊派到各村，日伪宣称有姑娘的交姑娘，没姑娘的交大洋，最后，不仅慰安所建成，还发了一大笔财。1939 年 11 月日军占领广西南宁时，冲入苗慧珠的家里。16 岁的苗慧珠与母亲躲藏了起来。但日本兵很快就发现了她的母亲。一个日本兵迫不及待地伸手将她母亲的上衣撕破，躲在角落的苗慧珠吓得失声一叫，于是，日本兵发现了她，便放弃了她的母亲，而扑向了少女。这一天苗慧珠被好几名日本兵强奸，并被送入慰安所，开始了性奴隶的生活。从表七可见，日军直接或者通过汉奸伪政权掳掠中国妇女为性奴隶，比例是很高的。

第二，设下各种圈套，引诱妇女坠入陷阱。常见的是以招聘女招待、洗衣妇等名义进行诱骗。占领上海后，日军的特务部门便在市中心的公共租界、法租界里诓骗妇女："他们放出野鸡汽车，候在娱乐场所前面，等顾客上车后，汽车飞也似地驰着，到了僻静地方，将男子抛下或干了，女客便从此无影无踪。"一时，"孤岛"内失踪女子无数，人人自危。接着，日军又在大街小巷张贴招工启事。19 岁的中学毕业生阿珠，由于父亲所在的工厂倒闭，家庭生活陷入困境，这时，她在报纸上看到广告："某公司为扩充业务起见，拟添聘女职员数位，凡年龄在 16 岁以上、25 岁以下，略识文字者，均可应聘，尚能粗通国语或日语者更佳，月薪 50 元，有意者请至某处面洽。"征得父母同意后，阿珠便去应聘了，主考者见阿珠长得如花似玉，当即签约。岂料原来这里是个诱骗"慰安妇"的机关，从此，阿珠陷入魔窟，不知所终，父亲为见女儿，望穿双眼。

生活在广西荔浦的瑶族女性韦绍兰，战时被日军抓到马岭慰安所，受尽凌辱，逃回家后，生下混血儿罗善学

日军占领桂林时，也以设立工厂为名，招募女工，然后强迫她们充当军队性奴隶。日军占领广州、香港后，以招募赴海南的护士、医务人员为名，骗招三百多名青年女子，其中相当部分是学生，小的仅 17 岁，大的也仅 20 岁，她们被押至海南昌石县石禄慰安

所，从此掉入人间深渊。在海南岛，日军经常组织“战地后勤服务队”，他们唆使汉奸张贴广告，鼓吹说服务队的任务是给日军官兵洗衣服，照顾伤员和打扫营房卫生，诱骗妇女参加。甚至还派人到上海、广州、香港等地招聘游说：“海南岛开办大医院，招聘大批姑娘学习当护士和护理，薪水高，到那里去做工有吃有穿，还有大钱寄回家。”于是有不少受骗女子前来应募，这些人到海南后，被统统押进慰安所，陷入暗无天日的人间魔窟。①

2010 年 12 月 7 日，在东京“战争与女性暴力和平资料馆”为日军性暴力受害者韦绍兰母子举行的听证会上，韦绍兰、罗善学母子述说悲惨人生，相拥痛哭

（张国通摄）

潘雅芬原是哈尔滨人，“九一八”那年，她只有 7 岁，父母带着她本想逃往南方，躲避战乱，但实在挤不上超载的火车，而被迫一路讨饭向南进发。不料途中父亲被日本人抓去做了劳工，听说在伐木时被压死了。她与母亲相依为命。15 岁那年的一天，有个男子对她说“你母亲被汽车压了”，她心急慌忙地随那男子走去，被塞上一辆汽车，运至哈尔滨。从此她被卖到道里柳树街的一个慰安所。不久又被迫随一支关东军乘火车南下。

① 符和积编：《铁蹄下的腥风血雨——日军侵琼暴行实录》，下册，第 712 页。

她和另外23个“慰安妇”被叫作“满洲24梅”而成为随军性奴隶。“日军给每人拍了一张上半身照片，装入镜框挂在慰安所的显眼处。每张照片下面写有这个人的编号，以使日兵对号入室。每日要接待几十人，最少也有十几人。”①

第三，日军占领一地，形势稍稍稳定后，便依靠汉奸组织协助，挑选妇女充当“慰安妇”。其中的一个手法便是借口登记“良民证”，挨家挨户地挑选年轻貌美的女性。在南京陷落时，日军除了经常到国际安全区强奸妇女外，也利用发放“良民证”之际，从中拉来数千名中国妇女，这些妇女没有一人逃过被强奸或虐杀的厄运；其中的一些人还被运往东北，充当关东军的性奴隶，从此再无下文，无人知晓她们的生死命运。

1938年战争打到湖北的时候，孝感农民蔡玉华只有15岁的青春年华。一天，一个黄陂口音的中年男子来到她的家里，放下300元，不容分说地拉她就走。蔡被弄到了武汉，送入中山大道附近的一个旅馆，开始了性奴隶的苦难生涯。第一天，几个日本兵冲进她的屋子，胡乱扯下她的衣衫便开始轮奸。一个天真无邪的女孩，从来没想到会遭遇这样的事。她在极度的恐惧和疼痛中昏死了过去，醒来时，还有一个日军军官正大汗淋漓如死了一般压在她的身上。于是她狠狠地咬了那鬼子的肩膀一口，鬼子疼得惨叫一声，翻了下来，接着她就看到长长的战刀朝她劈了下来。等再次醒过来时，她发现自己的肩胛骨被砍断了。她挣扎着爬起来，首先想到的便是死。死吧，不死又有什么脸去见人！于是，她发疯似的冲出慰安所，跑上大街迎着汽车撞去。汽车司机见有人撞来，吓得紧急刹车。她只是被撞了个头破血流。这时慰安所的老板和打手赶到，她又被抓了回去。在慰安所里，蔡玉华不知被多少日本兵奸淫，连神经也麻木了。她酗酒，昏沉沉地整日躺在床上，任日军摆布。②

生活是如此不公，但韦绍兰大娘仍非常达观开朗

（郭柯2014年摄）

① 于波：《慰安妇》，台北华智文化事业公司1995年版，第55页。

② 于波：《慰安妇》，第53页。

1939年初，在日军的指使下，山西文水县的伪政权曾张贴布告，明令征用妇女，其全文如下：

> 文水县公署训令，差字第一号令：南贤村长副，为训令事。查城内贺家巷妓院，原为维持全县良民而设，自成立以来，城乡善良之家，全体安全。惟查该院现有妓女，除有病者外，仅留四名，实不敷应付。顷奉皇军谕令，三日内务必增加人数。事非得已，兹规定除由城关选送外，凡三百户以上村庄，每村选送妓女一名，以年在二十岁左右确无病症、颇有姿色者为标准，务于最短期内送县，以凭验收。所有待遇，每名每月由维持会供给白面五十斤，小米五升，煤油二斤，墨（原文如此，估计是“炭”。——引用者）一百余斤，并一人一次给洋一元，此外游客赠予，均归妓女独享，并无限制，事关紧要。①

文中可谓谎言连篇。因设立了供应日军的“妓院”，所以“城乡善良之家，全体安全”。但贺家巷妓院的“慰安妇”们不堪凌辱，大多逃亡了，因此要城镇、村庄选送“妓女”，村庄哪来这么多的“妓女”？

曾是红色娘子军一员的林爱兰，被日军抓住后沦为性奴隶

（郭柯2014年摄）

没有妓女就只能送良家女子了，但日伪还有条件：一是年龄二十岁左右，二是“确无病症”，否则会将性病传染给日军；三是还要“颇有姿色者”。最后还以物质条件来诱惑农民，而且“游客赠予，均归妓女独享，并无限制”。只有一样是真的，就是“奉皇军谕令”强征，这是铁的事实。

第四，将中国女俘虏强逼为性奴隶。在中国战场上，日军极少设立女战俘收容所，在战场上被俘的女俘虏部分在审讯后即杀死外，其余的大部分便被日军弄到华北、华中属于偏僻的、荒凉的地区和前线去充当“慰安妇”，以防止她们逃跑或与八路军等中国抗日部队取得联系。1943年春，中共领导的海南琼崖纵队第4支队的炊事员周彩仁，时年20岁，因下村筹粮被日军

① 《文水汉奸“通令”强征妓女》，载《文献》第5卷，1939年2月。

俘虏后，即被投入那大慰安所，沦为性奴隶达两年之久，直到日本投降后才脱离苦海。根据1938年6月7日日本军方的调查报告，在徐州战役中，日本华北方面军第2军独立混成旅第3旅团第6联队长小男一雄，曾将23名中国女军人从俘虏营中强行押至森林地带(今江苏丰县的昭阳湖)，在那里建立了慰安所，供日军官兵淫乱①。这些女俘虏沦为“慰安妇”遭日军侮辱，有的便千方百计寻找报仇的机会，慰安所里曾发生中国女战俘刺杀压在她们身上的士兵或者割下敌人的生殖器的事件。因此，日军官兵对充当“慰安妇”的中国女战俘比较警惕。当这些女俘虏作为性工具没有利用价值时，通常被拖到空地上，作日军新兵练习胆量用的活人靶子。在漫长的抗战中，八路军等女俘虏总数也有成千上万，她们的命运是极为悲惨的，请看日军第14师团士兵田口新吉的回忆：

日军在作战中，一抓到这些人(指八路军游击队的女战士。——作者)立即送到后方的大队本部去。在大队本部里，如果她们受了伤，就由医务室先给她们治伤，如果没有受伤，则由担任情报工作的军官对她们进行审讯，这是通例。但是，这些中国女性就在不知不觉中消失了。虽然士兵们有时也偷偷传说：这些当官的家伙又干好事了，但谁也不会去追查这些中国女人的去向。

作为抗战老兵，林亚金老人获得了中国人民抗日战争胜利60周年纪念章，现存中国“慰安妇”历史博物馆
(方奇2016年摄)

当时，日本军队中从来就没有建立过女俘虏收容所，那么这些女人被弄到哪里去了呢？我听到的一种说法是把她们弄去当慰安妇了。但是，那些有特务嫌疑的女人以及在八路军中受过教育的女兵，是不可能让她们进入一般的慰安所的。因为如果让她们进了慰安所，她们随时都会逃跑，二是她们可以与八路军的工作人员取得联系，这是很危险的，因此，决不会把她们送到那种地方去。

那么，她们被送到哪里去了呢？都送到华北、华中一带最前线地区的两三个分遣队据点里去了。那都是些日本或朝鲜慰安妇无法到达的情况恶劣的地区。这些据点四周都建有围墙，盖有炮楼，每个炮楼

① 《日军侵华暴行实录》(一)，北京出版社1995年版，第507页。

由一个小队左右士兵进行守备。那些俘虏来的妇女就是被送进这些据点里去的。①

这些被俘女兵的结局是极其悲惨的。这显然是严重的战争犯罪行为。

日军还经常将参加抗日斗争的女青年逮捕摧残，逼迫为性奴隶。周喜香是山西盂县李庄村人，她18岁那年就加入了中国共产党，后来成为村妇联主任而积极参加抗日活动。她19岁时，日军侵入李庄村，逮捕参加抗日运动的干部，结果周喜香和其他几位男性干部被日本兵抓获，被带到了进圭村据点。在各种严刑拷打下，周喜香都没有招供。无耻的日军竟将她关入一个窑洞，并对她进行惨无人道的奸污，从此，她成了性奴隶，每晚有好几个士兵对她进行强奸。只经过短短的半个月，日本兵的残虐暴行，使她的下体遭受严重损伤，并导致终身不能生育。

第五，征用妓女。在大城市，日军机关常常征用现有的妓女来充实其“慰安妇”的队伍。上海、南京、武汉、广州和天津等地，都有不少妓女被迫加入“慰安妇”的行列。这里有必要指出的是，就是这些妓女也不是甘愿去做“慰安妇”的，她们往往被日军或汉奸政权强征，被迫充当日军的性奴隶，而且基本没有报酬。如1944年6月日军当局强迫伪天津政权强征妓女前往河南和唐山去充当“慰安妇”，人选确定后，日军即派出军医进行检验，合格后由天津防卫司令部派人押送或由所赴慰军地方的日军派人直接到天津接收。此后又强征妓女到山东去充当“慰安妇”。妓女们为逃避这军队性奴隶的悲惨命运常常以生病、家人有难等理由推脱，甚至在送往日军部队的途中仍设法逃亡。

安徽宁国望阳阁慰安所的“慰安妇”

（香川茂摄于1938年4月23日）

① 日朝协会崎玉县联合会编：《随军慰安妇——日本旧军人的证言》。

表8　中国少数民族被日军掳掠为“慰安妇”概况

民族	押至地点	概　况
台湾高山族	海南岛等	高山族少女多被诱骗或押送至广东和海南
东北满族	黑龙江、吉林	满族女性被关东军就地征集为性奴隶
吉林朝鲜族	东北和全国各地	朝鲜族许多妇女被逼为“慰安妇”，分布在各占领区
云南傣族	云南	傣族少女很多人只有十三四岁就沦为性奴隶
海南黎族、苗族	海南岛	日军占领南海后，掳掠大批当地少女为“慰安妇”
广西壮族	广西	广西壮族妇女被强逼为“慰安妇”遍及广西各地
各地回族	全国各地	回族妇女被日军逼为性奴隶的现象主要在北方

1944年6月8日，天津防卫司令部派遣中井曹长押送86名中国妓女前往河南郾城，在途中的20天里，有几乎是半数的42人逃亡而去①。

特别要指出的是，被强迫沦为“慰安妇”的中国妇女中有不少是少数民族的妇女。（参见表8）吉林延边地区的朝鲜族是最早被征用的少数民族。九一八事变后不久，关东军便在东北地区强掠朝鲜族年轻女子充当性奴隶。

1939年2月，日军占领海南岛后，设置了70个慰安所，其中的“慰安妇”有很多是黎

受害者海南苗族邓玉民老人

（苏智良2014年摄）

① 《日军在天津强征中国妇女充当慰安妇的档案资料》，《近代史资料》，总94号。

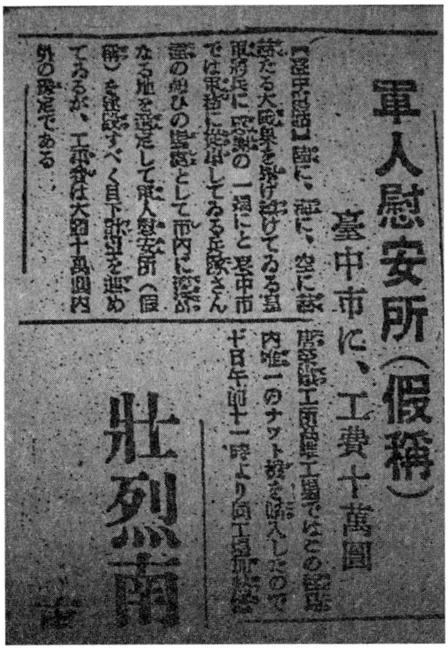
軍人慰安所（假稱）
臺中市に、工費十萬圓
壯烈南

日军在台中设立慰安所的报纸新闻

族少女。1942 年，日军在陵水县强征民女，17 岁的黎族少女陈亚扁被押入军营，她回忆道：“白天必须挑水、扫地、筛米、煮饭，干尽杂活，夜间被迫为日军唱歌谣，跳黎舞，而后供日军淫耍泄欲，受尽凌辱。不少姐妹忍受不了日军野蛮粗暴的糟蹋，带着精神创伤去世了。我们几个却带着难以名状的羞愧心情苟活至今。”①与陈亚扁一同受难的还有卓理女、卓亚天、卓毛天、卓石理、卓毛定、卓亚广、陈亚合、陈亚妹等黎族少女。1944 年 8 月的一天，保亭县的黎族少女杨榜在田中赶鸟，一队日军路过看见后即将杨打倒在地，进行轮奸，完事后又将杨榜押回军营，编入战地后勤服务队。保亭县的黎族姑娘乌昂扎（18 岁）、味冬盖（17 岁）、伍来春（19 岁）等 6 人，自 1941 年被押入慰安所，直到日军投降才得解脱，前后达 5 年。仅在石碌慰安所一处，300 名“慰安妇”中，被日军折磨、毒打、病死、饿死和摧残致死的就有二百多人。在云南，1942 年拉孟（松山）、腾冲、龙陵、平戛、遮放、畹町和芒市等地被日军占领后，傣族等少数民族少女也有不少被迫沦为“慰安妇”。实例见表九。

台湾“慰安妇”大桃阿嬷年轻时的留影

在台湾，也有不少山地的少数民族和汉族的女子被日军强征到战场上充当性奴隶，其总数达数千人。根据“中央研究院”社会科学研究所朱德兰研究员的研究，台湾的“慰安妇”征集主要是通过台湾拓植株式会社进行的。1936 年，日本为了推行南进政策，在台北成立了台拓，它由日本官方和财阀企业合资，以代表台湾总督府在华南、东南亚地区从事军事和

① 符和积：《铁蹄下的腥风血雨——日军侵琼暴行实录》，第 467 页。

经济活动的使命。台拓的业务范围极广，包括1939年它在海南岛兴建海军慰安所。为了发展“慰安妇”事业，拓植联合当时台湾的豪商巨贾建立“福大公司”，负责贷款给经营慰安所的业者，在台湾招募妇女，作为“慰安妇”送往日军基地提供性服务。在福大公司的完整档案中，其股东大多是日本人，但也有一些是台湾本地人士，如中部的辜显荣（辜振甫之父）、辜振甫（和信企业集团会长、台泥董事长）、辜宽敏、辜濂松（企业集团副会长、中国信托商业银行负责人）、辜伟甫等，板桥林家的林熊徵、林熊祥，以及高雄陈家的陈启峰等人，他们都是股东①。在1939年的一次股东出席会议的记录中包括辜振甫、陈启峰、林熊徵、林熊祥和颜钦贤等人的情况。辜振甫曾表示，福大公司的200股股票是其父辜显荣去世后，转至儿子辜振甫、辜岳甫等名下的，这是日本人为了笼络台湾人士而搞的“人头股”。但有学者指出：“慰安妇”事件，固然日本政府应承担责任，但那些为虎作伥的人也应负责，他们在日本政权下左右逢源，过着荣华富贵的生活，也应负起对“慰安妇”的赔偿责任②。

① 朱德兰：《台湾慰安妇调查和研究资料集》，“中央研究院”中山人文社会科学研究所，1999年7月。
② 《联合报》，1999年7月9日。

军事性奴隶的结局

日本政府和军部在其军队中有计划设立了大量“合法”的强奸中心——慰安所，在慰安所或在日军据点炮楼里，数十万日军性奴隶——“慰安妇”在人生的花蕾还没有绽放之时，就遭到霜打而枯萎。她们遭受肉体严重的折磨，她们没有任何人生自由，被迫接受日军官兵的没有尽头的侮辱，被迫在日军的控制下随军行动；日军士兵还常常不使用避孕套而致使“慰安妇”怀孕，她们被迫接受性病的传染，性奴隶的生活极为悲惨，日军罪恶可以说是罄竹难书。

资料表明她们中的绝大多数每天要被强奸在10次以上，有的甚至达到50～60次。(表9)

表9　海南部分“慰安妇”每日接待日军官兵统计

地点	时间	一般情况	特殊情况
海南临高县新盈慰安所	1940	50～60次	70～80次
海南八所慰安所	1940～1945	10次以上	
海南儋州园赵家慰安所	1942	20次以上	
海南澄迈县金江慰安所	1939	几次到几十次	
海南三亚市欧家园慰安所	1943	3～10	
海南昌感县北黎慰安所		20多次	

在特殊情况下，“慰安妇”甚至会一天遭受100次以上的强奸。月经期间也得不到任何休息，苦难的生活导致性奴隶们下身红肿、溃烂，有的二十多岁就绝经了，甚至终生不能生育。东宁的朝鲜族老人李凤云控诉道：“许多日本兵到慰安所来时已经喝醉了，慰安妇在他们的眼中毫无人格可言。一次，一名醉酒的日本兵骂她说：“老高丽伺候得不好！”心力交悴的李凤云情不自禁地喊道：“没有老高丽，哪有你们日本人！””“慰安妇”

李凤云被诱骗至黑龙江东宁，成了日军的性奴隶
（苏智良 2001 年摄）

敢骂“天皇武士”，这还了得，宪兵队也赶来了，性奴隶们吓得要死。

相当部分的“慰安妇”在战争结束前已遭日军杀戮。“慰安妇”的死亡率是非常高的，尤其中国的“慰安妇”。广州姑娘黄惠蓉，16 岁时被日军抓获，当时约有 100 名姐妹一起被押往海南，沿途即遭日军蹂躏，到达海南黄流时，只剩下 40 多人了①。海南的黎族 17 岁的少女李亚茜被抓为性奴隶后，多次逃跑，并拒绝服用“预防丸”，但后来还是有了身孕，日军竟称其怀有日本人种是要受惩罚的，将其绑在庆训村边的坡地上剖腹致死。

前面所述的日军在苏州抢掳 200 名妇女设立慰安所。女同胞们不甘受辱，“于是每天就有自杀的事情发生了。自杀的增多，表明慰安妇的减少。在兽兵们看来，饭倒不妨少吃两顿，但慰安妇却少不得一个。于是他们就用恐吓手段，禁止那些不堪蹂躏的女同胞们自杀。然而那深重的痛苦，不是恐吓所能减轻的，…… 这可使‘皇军’不耐烦了，…… 就选了一个暗无天日的日子，把那些一息尚存的可怜的女同胞，一齐押到虎丘山旁，用连珠般的机枪，‘痛快’地扫射，顷刻之间，那百余个被蹂躏的人们，全送了她们的性命。”②

在海南昌感县（今东方市）的北黎慰安所，每个“慰安妇”须 24 小时接待日军，鸨母是从台湾或朝鲜挑选来的泼妇，手辣心狠，往往强迫“慰安妇”抱病拼命接待日本兵，不达到指标不给吃饭休息。于是就有“慰安妇”竟被活活折磨致死。有的不堪受辱而设法逃跑，若被抓回便是死路一条。还有的实在受不了这非人的生活而上吊、服毒，用死来摆脱这个人间魔窟。对于这些死于非命的妇女，日军仅用一张草席裹尸挖一个土穴埋掉了事。至今北黎旷野上还有十几座“慰安妇”的无主孤坟。在战争后期，当随军转移

① 符和积：《铁蹄下的腥风血雨——日军侵琼暴行实录》，第 646 页。

② 国民政府军事委员会政治部编：《日寇暴行纪略》，转引自王钟伦、刘太亨：《国人依法起诉侵华日军》，第 62 页。

的“慰安妇”们遇到危险时，日军官兵不但不予救助，反而嘴里还说：“这些女人本来就是消耗品，根本不值得去救。”①

综合各种资料，笔者认为，有75%左右的中国“慰安妇”，在战争中已被日军虐待而死。能够幸存下来的“慰安妇”只有25%左右。② 而且苟活下来的有些也已奄奄一息了。抗战胜利时，在新乡的一个临时收容所里，十多名中国“慰安妇”中有3人患有严重的肺结核病，其余的也有严重的性病、妇女病等。③

中国“慰安妇”问题研究中心在海南为受害者所建之墓：杨娥榜之墓

（苏智良2008年摄）

① 《朝日新闻》，1992年1月31日。

② 日本学者秦郁彦认为，随军护士的死亡率是4.2%，由此推定“慰安妇”有九成以上的生还比率（秦郁彦、千田夏光：《从慰安妇到“君之代”》，日本《论座》杂志1999年第9期）。笔者认为这是片面的。首先，秦先生完全忽视了“慰安妇”与随军护士的本质区别，即“慰安妇”是军队的性奴隶。其次，“慰安妇”中最多数量的是中国妇女，她们在日军的眼里并无多大的价值，其死亡率是相当高的；同样，性奴隶中的朝鲜、东南亚各地妇女也处在饥饿、奴役甚至死亡的威胁，其死亡率也是非常高的。宣称追求实证史学的秦先生会做出如此结论，如果不是轻率，便是有意掩盖了。

③ 于波编：《慰安妇》，第55页。

惨绝人寰的苦难

——万爱花的控诉

万爱花是中国"慰安妇"幸存者中第一个站出来控诉日军暴行的勇敢的妇女。

1929年农历十二月十二日,万爱花出生在内蒙古河林格尔县韭菜沟村。家庭贫困,4岁那年,吸食鸦片的父亲将她卖出,为卖个好价钱,父亲将个头长得比同龄儿童高的万爱花,以8岁的年龄高价卖给人贩子。此后,万爱花被一路加码,最后被辗转卖到了山西盂县羊泉村,成了李五小家的童养媳。当时一起卖到羊泉村的有3个女孩子,后来仅剩下她一人。

到了羊泉村后,万爱花被改名叫灵玉,在苦难和劳作中,万爱花逐渐长大了。这时日本侵略军进入了盂县,那是1938年。日军接着扶植汉奸成立维持会和县政府。到次年春,日军在盂县县城、东会里、上社和西烟等村镇设立了据点。1940年百团大战后,日军推行碉堡战术,相继在进圭社、河东村和东郭秋等地修筑炮楼,设立据点。面对日军的疯狂扫荡,八路军120师359旅的717团来到盂县,发动农民进行抗战。贫苦的万爱花成了对敌斗争的积极分子。她带头加入了儿童团,并被选为儿童团团长。16岁那年(实际只有12岁),她与李五小离婚,嫁给了比她年长29岁的村干部李季贵。不久,她在李园林、张兵武的介绍下加入了中国共产党。小小年纪的万爱花却遭受了很多的灾难,人人都同情她,八路军第19团团长刘桂华给她改名叫克灾,希望她从今后克服灾难,一切顺利。万爱花积极工作,先后担任村支

2000年,万爱花大娘来到上海,讲述痛苦的往事

(苏智良2000年摄)

部委员、副村长和妇救会主任。

1943 年 6 月，驻扎在进圭社的日军扫荡羊泉村，万爱花没来得及躲避而被捕。日军将她和另外 4 名姑娘作为战利品带回进圭据点。进圭社是个依山而建的小山村，日军占领这里后，便在山顶上修筑了炮楼，并且将炮楼周边窑洞里居住的村民们赶走，强占了这些窑洞。

由于叛徒的告密，万爱花的抗日成员身份暴露了。这引起了日军的仇恨，日军白天将她吊在窑洞外的槐树下，并不停地拷打她，逼问村里其他共产党员的名单；晚上则将她关在窑洞里，野蛮地轮流强奸她。在她被关押的第 21 天后的一个深夜，万爱花乘看守她的汉奸不注意，悄悄地弄断了窗户，从窗户跳了出来，然后拼命逃回了羊泉村。

不幸的是，她很快又落入了虎口。1943 年 8 月 18 日，万爱花正在池塘边洗衣服，驻守西烟和进圭的日军兵分两路从南北两个方向包围了羊泉村，万爱花再次被日军抓住并投入了进圭据点，这次她被蹂躏了 29 天。9 月 16 日，万爱花趁据点的日军外出扫荡的间隙，又逃了出来，回到了羊泉村。三个月后，12 月 8 日，日军再度包围羊泉村，她第三次落入虎口。

当年万爱花就是被抓押在这个窑洞里

（苏智良 1998 年摄）

为了严惩万爱花两次逃跑的行为，日军更野蛮地摧残她。每日由两三个日军士兵轮番审问拷打，万爱花咬紧牙关什么也不说，日军见问不出什么，又将她带回窑洞在她身上发泄兽欲。万爱花多次被折磨得昏死过去。1944 年 1 月 28 日，日军见她昏死过去几天都未醒来，以为她已经死去，便将她扔到村子旁边的乌河里。后被一位好心的老人发现，将她救了起来，并偷偷将她送到万爱花丈夫的妹妹家里。

此后，她已命如游丝，非人的摧残使她的整个身体都变了形，胯骨和肋骨骨折，手臂脱臼，颈部陷向胸腔，腰部陷入骨盆，原来 165 厘米的个子萎缩到了 147 厘米，右耳耳垂被日兵扯掉了一块。她在床上整整躺了 3 年，顽强地活了下来。不久，丈夫也患食道癌而死去，为了生存，她改姓万，靠给别人缝补衣服为生。后来她移居至太原，顽强地生活。2013 年 9 月 4 日在太原去世。

永远不能愈合的伤口

——袁竹林的自述

我的家乡是湖北省武汉市，我1922年农历五月十六(6月11日)生于武汉。父亲袁胜阶，母亲张香之，我还有两个可爱的妹妹。由于家中生活贫困，我的父母无法养活女儿，我幼时不但没有上过学，还被送人做了童养媳，两个妹妹也先后送人做了童养媳，从此天各一方，再也没有见过面。我15岁结婚，丈夫王国东是个汽车司机，生活虽谈不上小康，但粗茶淡饭，还算过得去，特别是夫妇感情很好，恩爱生活。

袁竹林年轻时的照片

不料，安定的生活刚刚才开始，第二年日本侵略者的炮火就烧到了武汉。1938年6月，日军开始进攻武汉。这时我的丈夫到大后方去了，我无处可逃，只得留下。岂料我丈夫去四川没有多少时间，婆婆就看我不顺眼了，她认为我在家是吃白饭，反正儿子也不会回来，便强逼着我嫁出去，这样我屈辱地与刘望海结了婚。次年我17岁时，生下一个女儿，取名荣仙。这是我一生中唯一的亲骨肉。刘望海的工作也不稳定，为了活命，我也出去帮人做佣工。由于日军侵略，兵荒马乱，经济萧条，常常找不到工作。

1940年春，有个武汉当地的女子叫张秀英的，她到处招工，说是到湖北其他地方的旅社去做清洁工。原来我并不认识这个三十多岁的张秀英，但找工作实在不易，听张说有生活做，为了活命我也报了名。报名时，有好几个小姑娘。我当时18岁，身高1.6米，长得比较清秀，在同去的七八个女青年中，我是最显眼的。

后来才知道，这个张秀英不是个好东西，她的丈夫是个日本人，会说些中国话，时正根据日军的命令，准备弄些中国妇女组织慰安所。这个人中等的个头，平时不穿军服，着西装,黑皮肤,眼睛鼓起,人称金鱼眼,当时的年纪约四十岁。

我离开了第二个丈夫刘望海,从江边坐轮船往长江的下游开。一开始,我的心情是很愉快的,想到终于找到了工作,吃点苦,将来总会好的。大约开了一天,船到了鄂州。一上岸,就有日军士兵过来,将我们带到一个庙里。原来日军把这个庙做了军队的慰安所。门口有日本兵站岗,我到了门前,看到凶神恶煞般的日本兵,吓得不敢进去。这个时候,我和同来的小姐妹多少猜到一点,大家便要求回家,我边哭边叫道:这里不是旅社,我要回家。但日本兵们端着刺刀不容分说就把我们赶了进去。

刚进了慰安所,老板就命令立即将衣服脱光,说是要检查身体。我们当然不肯。张秀英的丈夫就带人用皮鞭抽打。张秀英还指着我,凶狠狠地训斥道:你是游击队员的老婆(指袁竹林的丈夫去了四川。——笔者),老实点。身体检查很快,因为我们都是良家妇女,根本没有什么性病的。检查后,老板给每个人取了个日本名字,我被叫作"吗沙姑",汉字写成"雅子"。我们每个人分到一间房间,大小约七八平方米,里面只有一张床,一个痰盂。

第二天早晨,房门口挂上了一块六七寸长,2 寸宽的木牌,上面写着"吗沙姑"。在慰安所的入门处也挂着很多这样的牌子。这天的上午,门外就来了大批的日本兵,于是,每个房间门口都排起了长队。我……足足遭受了 10 名身强力壮的日本兵的蹂躏。一天下来,连坐也坐不稳,下身疼痛像刀割一般。

此后,每天的生活就是做日本兵的性奴隶。一般,日本兵要买票进入,但要多少钱,

1998 年,袁竹林来到多伦多,讲述了自己受害的往事,让许多西方人士知道了日军性奴隶的暴行

(苏智良摄)

我从来没有看到过，更不用说，也从来没有得到过一元钱。每日三餐由老板雇佣来的一个中国男人烧作，但质量差，数量少。遭受蹂躏的妇女要洗澡，只能在厨房的木桶里轮流洗。当然，这个慰安所的中国“慰安妇”总有好几十人，洗澡水到后来已脏得不行了。

一个日本兵进入房间，在里面总要30分钟。晚上我们也不得安宁，常常有军官要求陪夜，一小时，二小时，甚至整夜的都有。来了月经，老板也不准休息，日本兵照样涌入房间。刚进入慰安所，老板就拿着一种白色的药，说吃下去就永远不会有痛苦了。实际上，这是避孕药。开始，我常常将这种白色的药片扔掉，后来，老板发现我们都不吃，就看着我们吃下去。日军规定，士兵必须要用避孕套，但很多士兵知道我是新来的良家妇女，不会患梅毒的，便欺负我而有意不用避孕套，经过一段时间蹂躏后，我就怀孕了。

怀孕后，日子更苦了。我心想这样下去，早晚要被日本人弄死了；但我不能死，我还有父母亲。便暗中与一个被日本人叫作“露米姑”（汉字为留美子）的湖北女子商量，决心要逃出去。但刚逃跑结果马上就被日本人抓了回来。日本人将我的头死命地往墙上撞，一时鲜血直流，肚子里的孩子也流产了，从此还落下了头痛病。

从一开始，军官藤村就看中了我。藤村大约是鄂州日军的司令官。最初他和其他军官一样，来买票玩弄。后来，便要老板将我送到他的住所，从此独占了我。看起来，我比起那些姐妹，要轻松了些。但是，我同样是没有自由的日军的性奴隶。

后来，藤村玩腻了我。正在这时有个下级军官叫西山的，对我好像很同情，便请求藤村把我让给他。藤村同意了。于是，我被西山领到了他的驻地。这是一种非常奇特的经历，我一直认为西山是个好人。

1941年左右，我得到西山的允许，回到家中去探望，才知道父亲已经离开了人世。原来，我父亲长得矮，加之年迈，去做临时工时，常常受欺负，最后被工头开除，结果竟致饿死。

我去找刘望海，也不知在何处，这时我没有地方去了，只能回到鄂州，仍与西山住在一起。1945年8月，抗日战争结束时，西山要我选择要么跟他回日本去，要么一起去石灰窑（今黄石市）投奔新四军。对这两条道路，我都拒绝了，我说：“我要去找妈妈。”

说到这里，袁竹林叹了一口气道：

西山是个好人。他当了15年的兵，没有什么钱，衬衫也是破的，他曾对我讲，一次，他曾偷偷地把日军的给养船打了个洞，沉了，西山看到中国人因为贩卖私盐而被日军电死，十分同情，便把一包包的盐送给中国人。不久，西山果然走了，从此杳无音讯。

西山是回国了？还是投奔了新四军？似乎半个世纪以来，袁竹林都在打听西山的下落，但没有任何消息。战争结束后，袁竹林的生活也不平坦。

日本人投降后，我回到了母亲的家乡——武汉附近的一个山村，靠洗衣、做临时工

2002 年 9 月，陈丽菲与袁竹林大娘在鄂州原慰安所遗址前

（宋继昌摄）

而与母亲一起维持生活。1946 年，从朋友那儿抱养了一个生下来只有 70 天的女孩做养女，起名成妃。

1949 年武汉解放后，我回到了武汉，住在吉祥里 2 号。一天我曾看到把我与其他姐妹骗入火坑的张秀英，张当时与一个老头在开商货行，我马上去找户籍警察，至今我还记得这个户籍警姓罗。但，罗警察却给我浇了一盆凉水：“这种事算了，没办法查。”

袁竹林恨恨地说：“现在，这个张秀英肯定死掉了。”

本来，我与母亲的生活已经十分平静了，尽管内心常常因回忆起耻辱的遭遇而彻夜不眠。但是，一次善良单纯的母亲在里弄的忆苦思甜大会上，情不自禁，讲出了女儿被日本人强逼为“慰安妇”的悲惨经历。从此我们的生活带来了新的祸害。小孩常追在我后面骂：“日本婊子”，“日本婊子”。

1958 年，居委会的干部指责我是日本婊子，勒令去黑龙江北大荒。我不肯去，居委会主任陈国珍、吴芝青就骗我说要查核户口本和购粮证，结果，就被吊销了。户籍警察勒令我下放，我被迫去了黑龙江。房子也被没收了。

在米山建设兵团整整待了 17 年，种苞米、割大豆，天寒地冻，没有柴取暖；而且一个

月只有 6 斤豆饼，养女饿得抓泥巴吃。真是尝遍人间的千辛万苦。有个股长叫王万楼，

我永远记得，他看我实在太可怜，便帮助我办理了手续，我终于回到了武汉，这时已经是 1975 年了。

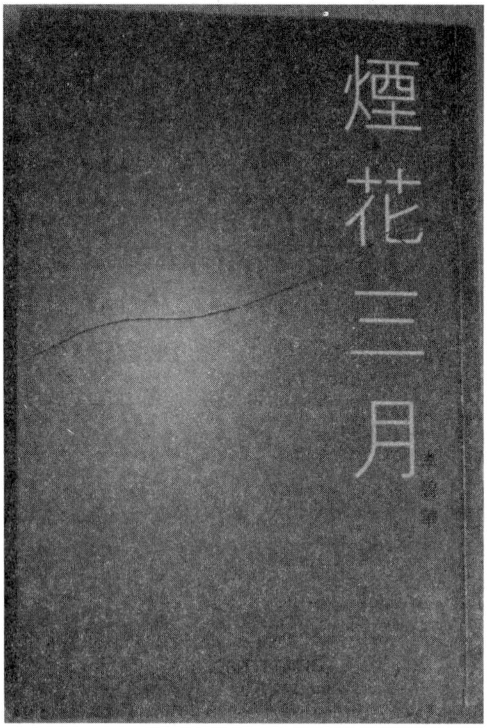

香港作家李碧华根据袁竹林大娘的经历，写了《烟花三月》一书，发行于香港和大陆

现在，政府每月给我生活费 120 元，养女每月给 150 元，但是，现在养女和我一样，也退休了。我的身体早就被彻底毁了，由于日军的毒打，几乎每日都要头痛，头痛时不

能入睡，安眠药一把一把地吃，每晚也只能睡 2 小时，大半夜就这么坐着，等待天明。

这半个多世纪，袁竹林就是这么过来的。回忆往事，最后，袁竹林哭诉说：

我这一生，全毁在了日本鬼子的手里了，如果没有战争的话，我与丈夫王国东也不会分离；直到晚上经常做噩梦，梦中我又回到了那个地方，那真是人间少有的苦难啊！

我已经 79 岁了，没有几年活了，日本政府应该尽快赔偿，我等不及了！①

① 袁竹林老人于 2006 年 3 月 29 日在广东湛江逝世，骨灰安放在武汉，她的出国护照、控诉文书等遗物则由其养女程老师捐献，存放在中国“慰安妇”历史博物馆。

烽火下的母女悲歌
——台湾阿妈的回忆

昭和十八年(1943年)的冬天,我16岁,妈妈三十几岁,我父亲是讨海人。有一天,有一名日本人要找人到南洋的军部福利社做服务生、端菜、煮饭等工作,还说到那边可赚

台湾三倍的钱,他没有说明要去那里,只说可以办身份,把家人接过去,当时因为家境困难,所以我妈妈带着我和另外三人一起出发。

到高雄时已经天亮了,遇到十多位来自冲绳的女子,坐了约一个礼拜的船,在西贡、新加坡、雅加达、泗水皆各停一日,再停Mongasalure这个很大地方,有写英文Magasalu,隔日开船后从运河开了几个钟头,走进Jungle中,那里没人居住。但有两个空军部队753和另一个记不清是S29或二十几了。到那儿下船后,用卡车载我们到一个椰子树叶盖的大屋子,一个人分配一个房间,当地已经有韩国和日本女人,我们才知道被骗了。但是我们因为已经收了200元安家费,或买了出国准备的东西,说不做要赔,不要也不行,还对我们说一定要为国家效劳。Jungle那个地方叫Kendali,有飞机场。冲绳来的女子也来此慰安。

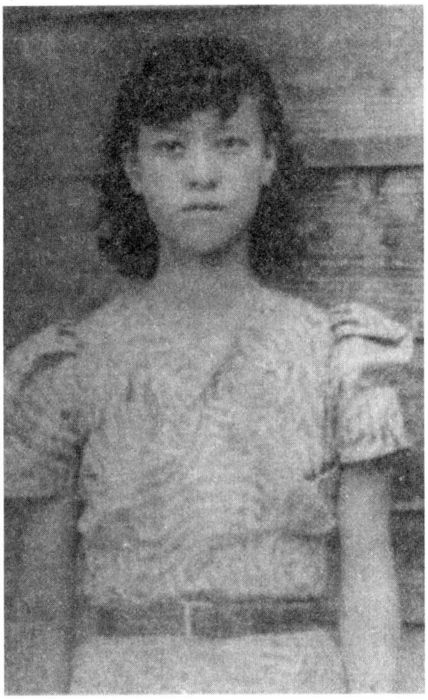

台湾"慰安妇"陈妹年轻时的留影
(台北妇女救援基金会:《沉默的伤痕》)

慰安所的外面有门牌,上面写慰安所,里面共有三四十位女孩子,印尼番煮饭。工作时间从早上到下午五点,来慰安所的有士官和兵,日本人皆是士官,台湾是兵,还有印尼番当

军夫。每天接客三至五人，一支牌二圆，有的阿兵哥有钱通通买掉有的买两支，一支牌一个钟头，要带 Shaku(保险套)，Shaku 是阿兵哥带来(亦有给女孩子的)，一个月检查一次身体。韩国人指挥煮饭。老板抽四成，管理者是日本人。其他的女孩子大我两三岁，我因为无法忍受那里的生活曾经自杀二次。第一次是去没多久就不想活了，因为我的年纪最小，非常害怕，喝灯油自杀，自杀后被送到空军机场部队的医务室急救，隔了没一个月我又自杀，后来不得已只有顺从他们了。

有些还了债务的可以回来。约一年后，有个春子还了债大肚子回来。玉子、竹子也还了钱。我为了救母亲，就对她说欠人家的钱包在我身上，叫母亲有船快走。

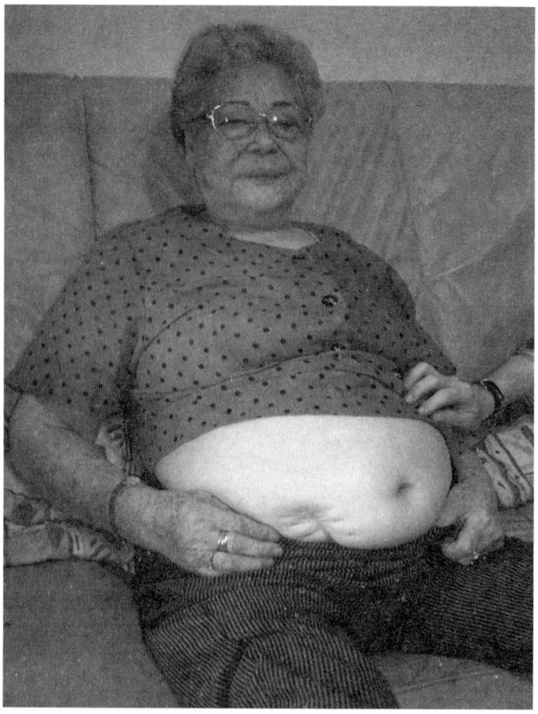

台湾幸存者大桃阿妈战时被奴役的经历，极其悲惨，这是她向来访者展示肚皮的伤口

(陈丽菲摄)

后来我还了债和三个韩国女人坐船，经 Magasar、泗水、新加坡到越南，在泗水遇到从另一个地方来的三个台湾女子。船在进西贡港口时遇到美军空袭，当时大家正在洗澡(靠港才可以)，身上什么都没带，船的机关中心中了弹，我不敢跳海，被人丢下去，有人接住，头发及两臂皆烧伤了，在海上漂了二三小时被救起，在海军医院住了三个月，同船女子只剩下自己、一韩国女子及三名泗水遇到的台湾女子，共五人活着。同时五艘船中有一艘油轮，海上满是油着了火，好多人喊救命，但是都没有人敢来救我们。稍早从 Kendali 到泗水时也是沉船，女子死了好几个，比男子多。

后来在西贡有船，我们因海上有水雷很危险不敢回去，韩国女人留在西贡慰安，不回去。我们四人不愿意再做慰安工作，于是和海军议论，请他们送我们回泗水。后来我在泗水的林兼股份有限公司……

我在 19、20 岁左右时回台湾。……我母亲生前十分恨日本人，对于过去完全不提。她返台后常被父亲毒打，说骗他去当“慰安妇”，又把女儿一个留在海外，两人感情不佳，我父亲在我 31 岁时去世。我回到台湾后曾经在撞球场工作，一个月薪水几十台币，也做过餐厅服务生、开面摊。后来身体不好，无法工作。

2008 年，台湾的受害阿妈参加首尔的周三抗议活动

原本我有好的对象，但是人家一打听到我的过去就不要了，那时我有一个爱人，和我是小学同窗，对方是有门风的人，在一次同学会见面后双方在一起将近一年多，后来因为知道我的过去，双方父母都反对只好分手。我知道自己不能生育，抱来 11 个月大的养女。我养女的工作是老师，现已 46 岁。我的女婿因车祸耳聋，盲了一眼。我的养女经济负担相当重，每月给我一些零用钱，对我非常孝顺。

我 32 岁与一船员结婚，婚后 13 年他去世。我已经病了二十多年，钱都花在医药费上，房子也卖了。我和我的母亲都是列案之贫户，……我的母亲 8 年前去世，我因为慰安工作得妇女病不能生育，身体极差，患有糖尿病、尿毒、心脏病、高血压、失眠、走路不便。

我不愿让我的子女知道过去，因为过去总是一个污点。我要求日本政府道歉、赔偿。①

① 妇女救援基金会：《台湾慰安妇报告》，台湾商务印书馆 1999 年版，第 152～156 页。

幸存者战后的生活实况

战后尚存的原日军性奴隶们，九死一生，终于回到了故乡，但她们并没有幸福可言，羞辱、烦恼、忧愁、病痛从此伴随着余生。

根据台湾学者的研究，战争期间，台湾约有 2000 名妇女遭到日军的凌辱，而从事"慰安"的工作，近年经确认身份的有四五十人，2016 年仅有 3 人还在人世；她们的年龄在 67～79 岁之间。由于有长期被迫害为性奴隶的经历，造成她们普遍患有不孕或子宫等疾病，身体状况不太好。有 50%以上的台湾"慰安妇"战后的婚姻是不稳定的，更有 60%以上的人结婚后不能生育，其中还有 25%的妇女和家人、社会关系疏离，这表明了"慰安妇"们创伤的长期存在并影响她们的一生。

在中国大陆，经过一些学者和热心人的调查，至少已经找到 200 多名"慰安妇"幸存者，她们分布在黑龙江、吉林、辽宁、山西、北京、河北、河南、安徽、湖北、云南、湖南、广西、江苏、浙江、上海和海南等省市，2016 年我们所知的幸存者只有 20 人。从人类学的角度透视，她们具有以下的共同特征。

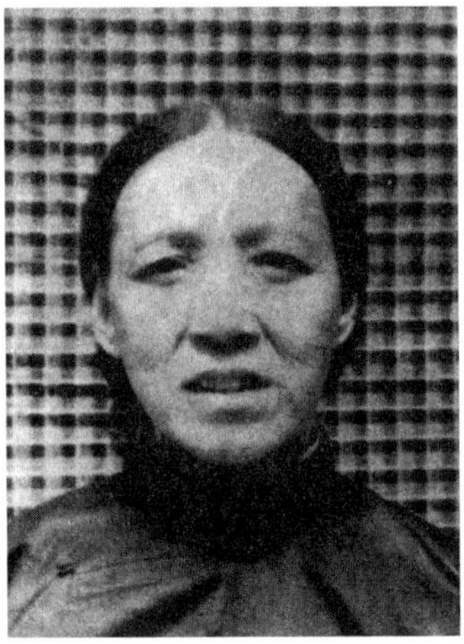

山西盂县的受害者侯冬娥

（班忠义 2015 年提供）

第一，在受教育的方面来看，她们大多是文盲，战后生活质量低下，无力学习，仅少数人在解放后的扫盲运动中接受了一些文化教育。

第二，由于接受教育程度较低，因此她们适应社会的能力相应也比较弱，生活质量差。她们多从事低报酬的体力劳动。如做佣工、拉人力车、养路工、卖菜、洗衣、种田等。所得收入低于国民平均收入。

第三，"慰安妇"的苦难经历，使她们遭受了身心两方面巨大的创伤。

在精神方面，"慰安妇"苦难经历的伤痛，烙印一生。"慰安妇"的生活经历改变了 20 万中国妇女的人生。山西的侯冬娥，年轻时十分漂亮，当地人称她“盖山西”，战争爆发时她已经结婚生子，生活美满。战争爆发后她的丈夫从军抗日，她被日军捕为“慰安妇”。好不容易熬到日本投降，她的军官丈夫带着年轻美貌的太太返回山西，她无奈中两次结婚，但均没有生育，1994 年 4 月 7 日，在疾病和贫困中死去。

在近代的中国，贞操是妇女等同生命的，幸存者们在战时遭受日军长期的性奴役，她们中的大部分人，认为自己是很脏的、下贱的，那段经历是耻辱的，她们担心别人知道了这一段遭遇而被人轻视和耻笑。于是只能将这痛苦的经历深深地隐藏在自己的内心深处，她们耻于向他人、甚至亲人诉说，有些人至今仍不愿开口，有些老人是在老伴死后才将这段辛酸往事诉说出来的。有个幸存者对调查人员说：不要提我的名字。但不说不等于就是忘记，在内心深处，她们无法忘掉那非人的遭遇，那种不堪回首的场面时常会在梦中再现。万爱花控诉说，五十多年来，她经常从噩梦中惊醒，浑身冷汗，甚至痛哭，还以为是在日军据点中，遭受蹂躏。有些妇女战后没有回过家乡。有些朝鲜族妇女无法回故乡，或者不愿意再回到故乡去，她们宁可栖身海外，死在异乡；但对亲人的思念，对家乡的眷恋，始终萦绕心头。朝鲜妇女李天英就这样在安徽了此残生。出身汉城的李寿段，19 岁被日本人弄到中国东北，在哈尔滨、阿城、东宁等地当日军的性奴隶。90 年代初以来，在安徽、湖南、湖北、海南和东北等地相继发现了不少因战时沦为“慰安妇”而留在中国，不愿再返故乡的朝鲜妇女。

张先兔老人

（苏智良 2012 年摄）

身体状况普遍有慢性病，如骨头酸痛、神经痛、胃痛、哮喘、重听和妇女病。由于普遍遭受日军官兵的毒打，幸存者多留下了难以治愈的伤痛。山西妇女万爱花在日军的野蛮蹂躏下，形体被扭曲变形，一条胳臂残废，身高由 165 厘米缩至 147 厘米。15 岁豆蔻年华的李秀梅，经过日军 5 个月的摧残，右腕残疾，右眼被打瞎，下身经年流血，从此长期生活在病痛之中。盂县西烟镇的张先兔大娘因被日军拉入炮楼遭长期的蹂躏，后虽然从虎口脱险，但患了严重的恐惧症，几十年来，生活在惊恐不安之中。

有过“慰安妇”经历的妇女的平均寿命远比一般妇女要短，因此，在20万人的中国“慰安妇”中，目前尚在人世的老人已寥若晨星。

第四，婚姻状况不良，较少生育。由于有过这段不堪回首的经历，这些妇女对男性没有多少好感，对婚姻和性行为较为冷淡，并有强烈的自卑感。她们常念叨说：“谁愿意与一个当过慰安妇的我结婚呢？”不少人还因为性器官留下病症，无法过正常的性生活。再加上世俗对她们这段经历的歧视，所以，原“慰安妇”幸存者的婚姻状况极差。约有40%左右的人没有婚姻。如抗日女战士——琼崖纵队第4支队的周彩仁在熬过了两年多的性奴隶生涯后，于日本投降后回到家乡，身心遭到日军严重摧残的这位女战士再也没有嫁人，没有成家①。哈尔滨姑娘潘雅芬因为长得漂亮，被日军蹂躏次数最多，后来患了性病，又被做了绝育手术。至今小腹部还有一道很长的触目惊心的伤痕。②

而结婚了的60%妇女中，婚姻的质量也不太高。在选择配偶时，她们多有自卑感。有的说：“我怎么也忘不了当年自己经历的事情，实在难以和一个男人保持性关系，于是，她们往往嫁给比自己年龄大上10岁、20岁的老头。还有的嫁给了离过婚的男人。结了婚的原慰安妇们，50%人没有生育，这主要是器官遭到严重摧残而无法生育。黄锦

2016年1月，研究中心慰问人员、电影导演郭柯与黄珍妹老人合影

（陈厚志摄）

① 符和积：《铁蹄下的腥风血雨——日军侵琼暴行实录》，第259页。

② 于波：《慰安妇》，第57页。

周 1939 年沦为性奴隶，直到 1945 年战争结束，因病摘去子宫，再也无法生育，孤独一人度过余生。有些幸存者因没有生育而领个养子，共同生活，防老养老。结婚了的也并不稳定，有的丈夫后来知道妻子的这段经历后，无法理解而离婚。如吕福实在天津沦为“慰安妇”，战后有了家庭，但她不敢对丈夫说这段经历，后因无法生育只能实话相告，岂料丈夫听后二话没说，离吕而去，从此吕只能孤身生活。她说：“如果早在战争中死了，就没有这如此漫长的痛苦生活了。”有此幸存者曾结过 2 至 3 次婚，更谈不上美满。

曾有个别原“慰安妇”，战后结婚后，终于生育了孩子，但不幸的是不慎将战时落下的性病，传给了儿子，把梅毒传给了丈夫，结果被愤怒的丈夫赶出家门。长大后的儿子竟经常咒骂自己的亲生母亲：“因为是从你的脏屁股生下来的，所以才成了这副模样！”这位可怜的母亲最后因此而精神失常。

海南澄迈县文儒乡加炳村的一个农民的妻子，被日军抓入石浮慰安所后，受到日兵的日夜强奸，后来染上了梅毒，才被管理人员释放回家。回家后不幸又将梅毒传染给了丈夫，夫妻两人抱头痛哭，被迫倾家荡产卖掉耕牛和生猪，拿钱请医诊治，才保住了生命①。

海南保亭的幸存者陈金玉老人

（苏智良 2009 年摄）

① 符和积：《铁蹄下的腥风血雨——日军侵琼暴行实录》，第 100 页。

第五，战后遭到冲击或歧视。

尽管她们成为日军"慰安妇"的经历是被逼迫而非自愿的，但有相当数量的原"慰安妇"在1949年后遭受历次政治运动的冲击。如武汉的袁竹林，在一次忆苦思甜的控诉会上，她的母亲情不自禁地说出了女儿被日军掳掠为性奴隶的遭遇，从此袁竹林遭到严重的歧视和打击，被迫从武汉到黑龙江劳改务农。到"文化大革命"的10年动乱时，除了一些在偏远山区农村者外，她们几乎均遭受打击，被扣上日本特务的帽子，有的被游斗，戴高帽。

表10　日军性奴隶幸存者战后身心受到伤害情况调查表

生理伤害	① 四肢受到伤害
	② 反应迟钝、麻木
	③ 有过度的警戒心
	④ 过早丧失劳动力
	⑤ 严重的子宫炎、膀胱炎等妇女病，没有正常的月经
	⑥ 难以怀孕和生育
	⑦ 患有性病
	⑧ 发汗、心悸、尿频、血压高、头痛病等
心理伤害	① 经常浮现在慰安所中的场景而不能自已
	② 反复做遭日军蹂躏的噩梦
	③ 害怕会再次被日军抓为性奴隶，有严重的恐怖感
	④ 恐惧会被外人知晓自己的"慰安妇"经历
	⑤ 有被独立和歧视的感觉，远离人群，有自闭症
	⑥ 因这一经历而对人生取消积极态度，感到没有未来和希望
	⑦ 厌恶正常的性生活，甚至厌恶男性
	⑧ 对结婚没有兴趣

一位"慰安妇"幸存者对我说："我今天在此，心里很是羞愧，但回想过去种种，应该羞愧的不是我，而是日本政府！"

对日本右翼在“慰安妇”问题上谬论的批判

20世纪90年代以来，日本国内逐渐形成了所谓的“自由主义史观”派，其主要包括以藤冈信胜为首的自由主义史观研究会、“光明日本”国会议员联盟和新教科书编制会等。他们的主要论点之一，便是否认“慰安妇”制度是日本的战争犯罪。自1992年“慰安妇”问题受到世界各国舆论关注以来，日本政界的某些势力和右翼分子使用种种手段极力否认和掩盖日本的这一战争罪行。

1995年1月，自民党国会议员奥野诚亮等成立“终战50周年国会议员同盟”，反对国会通过《不战决议》。接着永野茂门等组成“正确认识历史议员联盟”，公开反对日本以任何形式对“慰安妇”等问题进行谢罪。1996年12月，刚刚建立的“新历史教科书编制会”要求文部省下令，删除教科书中有关“慰安妇”的记载。次年2月5日，自民党宣传部长、前文部大臣岛村宜伸在谈到“慰安妇”募集时竟说：“似乎有许多人认为是军队出发时说一声‘跟我们走吧’，就把一些妇女领去做慰安妇的。”然后他又进一步发挥说：“那种事一般都是人贩子干的，他们不管中国人还是韩国人，凡是女人就网罗去。也有人是自己选择那条道路的。”①日本右翼组织偏向教科书纠正会也曾信口雌黄地胡说：“支那事变以后，军方招募过慰安妇确是事实，但招募对象是艺妓、娼妓。方法始终不是军方直接办的，而是通过艺娼妓业者的中介来进行的。”②1994年自民党成立以奥野诚亮等为顾问、以山中贞则为委员长的历史研究委员会，并于1996年出版了《大东亚战争的总结》一书，对“慰安妇”、南京大屠杀等问题大放厥词。下面不妨将他们在“慰安妇”问题上的谬论作一梳理、分析和批判。

其一，“慰安妇”没有什么强制、强迫；“慰安妇”原来都是些妓女，她们是为挣钱而干这种事的。

---

① 转引自《参考消息》，1997年2月7日。

②《日本侵华战争遗留问题研究动态》，1997年第1期。

强征是中国“慰安妇”的主要来源。这是海南黎族陈连村在上海控诉日军的暴行

（陈斌 2016 年摄）

大量事实证明，日军每到一地，便掳掠大批中国年轻女子建立慰安所，供他们泄欲。这种强征“慰安妇”，不仅有日本军部的文件可资证明，还有不少日本老兵的回忆录，更有中国及其他受害国方面的大量记载。这是铁定的事实。这里先举山西的几个中国妇女被强逼为“慰安妇”的例子。1941 年大年初二，日军闯进盂县 Z 的家，将刚刚新婚的新娘 Z 带入炮楼，从此，Z 成了日军的性奴隶，日军没日没夜地糟蹋她。1941 年春，日军侵入盂县东梁村，将少妇 Y 抓入炮楼边的窑洞里，她每天和众多的姐妹一起遭受日军的摧残。一天，Y 趁着黑夜而逃跑，但不幸又被日本兵抓了回来。Y 和她的姐姐都成了日军的性奴隶。1943 年，盂县河东炮楼的日军换防，新来的日军小队长渡边八一命令维持村长征集妇女充当“慰安妇”，否则就将村子烧毁。维持村长在西烟镇强迫 5 名妇女在杨家兄弟院子，供日军发泄兽欲，整整达一年多，其中一名最漂亮的妇女被渡边独占。

在海南岛，日军要求一些村庄轮流提供良家妇女，充当性奴隶，“如果哪个村敢于违抗，日军威胁要杀死全村老小和烧光全村房屋”①。慰安所的设施，门外有宪兵或哨兵站岗，慰安所规定不准“慰安妇”私自外出。如果有逃跑企图，被日军或管理者发现，轻者毒打，重者杀死。日本政府也已承认，“慰安妇”丧失人身的自由，她们随军队与设备

① 符和积：《铁蹄下的腥风血雨——日军侵琼暴行实录》，第 309 页。

一起进出战区，丧失了人身自由和性的自主权；为了防止军人患性病，她们还需要像奴隶那样在生殖保健方面接受残忍的管制。

“慰安妇”中确有一些是征用来的妓女，但就是这些妓女也多是被迫的，她们与日军的关系，并不是平等的金钱与肉体的交易，而是被强制使用的军事性工具。这里以天津的伪警察局的档案为例。1944 年 7 月，日军命令天津选送“慰安妇”。为此，伪天津警察局命令妓业组织——乐户总会征召 100 名妓女，体检合格后送往山东的日军第 1437 部队，当 3 个月的“慰安妇”。但在征召过程中遭到妓女们的一致抵制，途中尽管日军和伪警察看守严密，但她们利用各种机会逃跑，或者故意吃坏肚子而生病。最后，被押往部队去的仅三十多人。最后，她们每人得到的仅是象征性的两袋小麦粉！① 而且，就是这两袋小麦粉，也不是日军交付的，而是乐户总会为了息事宁人摊派后发给的。

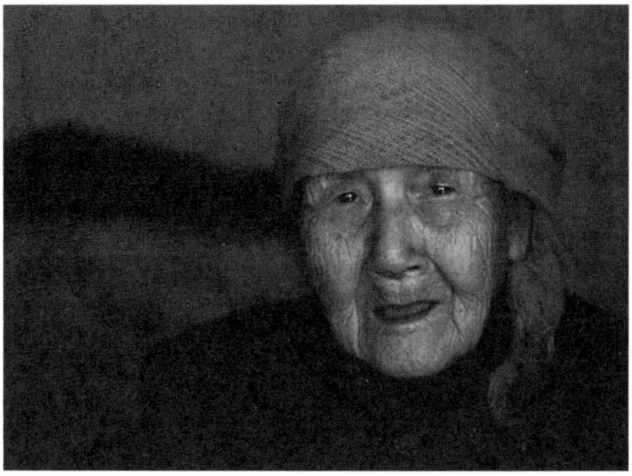
山西受害者曹黑毛老人遭日军摧残，曾两次怀孕
（赵蓓红 2013 年摄）

日本右翼说当“慰安妇”是为了挣钱，事实上，大部分的中国“慰安妇”，连自己的人身安全都没有保障，哪里还谈得上挣钱。举个例子，让我们来看看当时人对上海虹口日本陆军行乐所概况的历史记录：

日军在被陷各区之暴行，其最可耻与给民族以莫大羞辱者，莫过于蹂躏吾国女性。各被占区域之百姓，无论老少，如被彼等发现，都难逃被污。最近昆山某教堂述及一事，又令人发指，兹述之如下，望披露报章，以告国人！

昆山自陷落后，该地有小教堂牧师陆某，因未逃去，后居住该处之日兵长官调沪，陆某适亦欲来，故托同行，以求保障。迨抵沪虹口，该日兵官即引至北四川路横浜桥相近某银行旧址日兵行乐所一游，陆某初不知此行乐所如何内容，遂入内，毛发悚然。盖该屋各层设备有极暖之水汀，其最低一层，有日兵在无锡、浦东各地所掳之我国良家妇女，自十七八岁者，约数百人，皆一丝不挂，面有愁容，而日兵则川

① 《天津伪警察局档案》，天津市档案馆藏。

流不息其间，任意选择性的满足。如任何女子有不从者，皮鞭立至。路某睹状亟思退出，忽有一女子猛拽其臂而不放，大声呼救，视之，则彼之邻妇王某。彼甫结婚未数月，而被劫至此地狱。路某恐累及己，促此妇勿声张，但已为旁日人所见，立以皮鞭猛鞭打。路某系基督徒，大不忍，立跪下求彼识之日兵官救此妇出，该日兵官忽发慈悲心，允陆携此妇出。事后，妇告人，自被掳入内，每日至少遭十次以上之蹂躏，被掳女子入内后大多自愿绝食，不数日即毙命，而隔日即有新被掳来者补充。据又谓，此所谓行乐所二层楼，有同样命运之妇女，为自30岁至40岁者数百。至三层楼以上之情形，则不得而知。

日军之暴行至此，敝人当询该陆某，其行乐所之确实地址，俾将此行告各国领署，做实地调查。惟陆某坚不肯吐实，仅谓日人如此暴行，必遭天责。呜呼！我国之大耻大辱，谨据实以告我国男儿，大家奋起，洗涤耻辱，保卫全国女子，以尽男子责任。①

这个行乐所里的数百名中国女子大多遭到日军杀戮，哪还谈得上挣钱？

我们再以关东军在东宁的5个慰安所为例，据朝鲜族老人、原日军性奴隶李凤云的证言，这些慰安所只准接待日军官兵，连日本随军商人等也不许进入。日军官兵的钱都交给老板，“慰安妇”们口袋里没有任何钱，结果是日本老板发大财。②

当然历史现象本身是非常复杂的，不排除个别民间慰安所支付“慰安妇”一些报酬，这些“慰安妇”即使能得到一些钱的，也多是军票或储备券。日本战败后，军票和伪政权发行的纸币也成为废纸了，所以到头来“慰安妇”们除了满身伤病的躯体之外，一无所有。

总之，“慰安妇”的实质就是军队的性奴隶，这是无法抵赖的。

其二，开设慰安所是自由的商业行为，那就像文部省的食堂一样，它利用了部队的建筑、自来水等物资，经营者不是军队；如果说有责任的话是日侨老鸨的责任，与日本政府和军队无关。

在日军中普遍推广慰安所，是二战时期日军的一项基本军队制度，从陆军省、海军省的命令，到华中、华北方面军的文件，再到各个部队的战斗日志、老兵回忆等，都无可辩驳地说明了日军与“慰安妇”制度的密切关系。日军和日本政府的有关部门不仅与慰安所的建立有关，而且直接参与了慰安所的管理、运作。

日军慰安所有各种类型。其中之一就是日军直接设立经营的，如上海的杨家宅慰

---

① 《敌寇暴行录》，文艺社，1938年版。

② 李凤云于2016年5月7日在黑龙江东宁县逝世。

南京的雷桂英先是在开设慰安所的日本老板家看护孩子，后来被迫成为日军性奴隶

（苏智良2006年摄）

安所、广州中山大学附近的军队慰安所（驻屯此处的第18师团在《旬报》中明白指出部队管辖的“慰安妇”有1000人）、安徽淮南下塘集的日军慰安所以及在云南腾冲、拉孟要塞中设立的慰安所等。这类慰安所完全是日军自己设置的性奴役场所。

还有一类慰安所是日侨设立的，这些鸨母确实带有赢利的目的，但尽管如此，它们多是在日军之授意、命令下设立的，因此也与日军有千丝万缕的联系。至于汉奸设立的慰安所，更是秉承日本占领军的旨意而设置的。举个例子来说，有不少“慰安妇”还是少女和女童，事实上，她们之沦为性奴隶，要么是日军直接强制的结果，要么是在日军知情或支持之下进行的。这些妇女与儿童是在违背她们的意志的情况下，长期被禁锢在慰安所里的。

其三，原“慰安妇”的证言没有信用。

日本一些“慰安妇”问题国家责任否定论者，均认为“慰安妇”幸存者的证言没有信用。他们认为，这些女人过了50年，记忆早已模糊，甚至会隐瞒一些真相，如收入、待遇等。由于“慰安妇”问题的许多资料已遭日军烧毁，又由于日本政府在这一问题上至今仍躲闪掩盖，至今不肯将政府有关“慰安妇”问题的所有资料公开，因此，“慰安妇”幸存者的回忆揭发资料就成为揭露日军实施“慰安妇”制度的重要证词，而右翼势力否定这些证词就是企图否定日本政府的责任，以逃脱历史的惩罚。

袁竹林找到了当年她受害的地方：鄂城城隍庙。当年她是在神像下，遭受蹂躏，成为日军性奴隶的

（陈丽菲摄）

事实上，尽管经过 70 多年了，“慰安妇”幸存者们对这段改变她们人生的苦难经历，可以说是刻骨铭心，永远不会忘记。笔者在采访中，她们还清楚地记得某些日本人的名字，慰安所的实态，自己的痛苦经历。如袁竹林女士，战时曾被人从武汉掳掠至鄂州充当性奴隶，尽管事情已过去很多年了，她也从来没有再去过鄂州，但当她应调查者请求一起到鄂州寻找慰安所遗迹时，一眼就认出了慰安所的地址——关帝庙。经过中外史学工作者的共同验证，幸存者的回忆是相当可靠的。

中国人的传统观念，尽管充当“慰安妇”是被逼无奈的，但总是不光彩的事，因此，很多幸存者不愿说。笔者从事调查数年中，最遗憾的是，好不容易找到原“慰安妇”时，因为有了儿子、孙子等后代，她们中大部分不愿意再回忆那痛苦的往事。在调查中，我及我的同事不厌其烦地说服她们：您的证词是揭露日本侵略者罪行的最有力的武器，但往往仍被拒绝。在上海、南京和武汉等地，笔者都有这种经历。在 20 万中国原日军“慰安妇”中，幸存者还有一些，但真正敢于站出来控诉的非常少。海南调查中，几位身受大难的老人虽然控诉了日军的暴行，但为了名誉，她们都不愿说出自己的真名、镇名和村名。至今我们已知的全国 200 多名幸存者中，愿意公开身份录下证词的老人还不是全部。这些年间，我们已掌握的名单上大部分人已离去。如海南的朴来顺、安徽的李天英、山西的侯冬娥、上海的陆秀珍等。至于没有公开站出来作证的幸存者远比我们所掌握的幸存者数字要多得多。

其四,战争伴随着强奸,应容忍暴力与强奸;如果没有慰安所,一般女性就避免不了被强暴。

这完全是荒谬言论。首先,战争不一定会伴随着强奸,战场上的性暴力是支配者(压迫者)通过性器官或性差异进行的对被支配者(被压迫者)肉体和精神的暴力行为,是对被害人以及被害人所属集团的人格否定,民族和人类尊严的破坏,被害人及其集团的恫吓和灭绝行为。因此这本身就是一种违反国际法的战争犯罪。其次,日军设置慰安所是企图让其官兵的强奸暴行合法化。日军不是通过教育和严肃纪律来杜绝强暴现象,而是为军队配备"慰安妇"来减少强奸案件,这首先就牺牲了数十万妇女的贞操,牺牲了数十万妇女的幸福,改变了数十万个家庭的命运。最后,慰安所的设立是否杜绝了强奸,答案是否定的。

无数的事实表明,尽管在侵华日军中广泛地配备了慰安所,但强奸中国妇女的事件仍频繁地发生。这方面我们可以提供成千上万的例证①。如在海南,"慰安妇供不及时,他们(日军)就掳掠当地妇女轮奸"。②

1937 年 9 月 27 日,万余名日军兵分两路攻陷山西省朔县县城,在这里制造了"9·28"惨案。日军士兵施暴时,就是乳臭未消的幼女,齿落发白的老媪,怀胎数月的孕妇也不放过,不论何地,即行强行奸污,而后惨杀。南街刚结婚的吕耀先的叔伯嫂嫂被日兵奸污后,日兵用刺刀从下部直剖到腹部。她的丈夫见妻子被残害的情景,怒不可遏,赤手空拳与日兵搏斗,也被残杀。日兵兽行发作之余,为消遣取乐,在众目睽睽之下,将抓来的男女剥光衣服,任其耍弄。不少妇女不堪忍受屈辱而上吊或投井自尽。徐宝的侄女就是抱着自己一岁半的亲生女儿投井自尽的。③

根据《冀鲁豫区山东部分八年抗战损失统计表》的记录,山东根据地被日军奸淫而染上性病的妇女有 10766 人。《晋冀鲁豫边区八年抗战中人民遭受损失调查统计表》载,被奸淫妇女达 36.3 万人,其中的 12.2 万妇女患有性病,痛苦不堪。

其五,在课堂上向学生叙说"慰安妇"问题,是误导日本青少年,这样会使他们对自己国家失望,对长辈失望,是自虐史观。

---

① 可参见李秉新等:《侵华日军暴行总录》,河北人民出版社 1995 年版;中国军事科学院外国军事部编:《侵华日军暴行录》,解放军出版社 1995 年版;中国抗日战争史学会、中国人民抗日战争纪念馆编:《日军侵华暴行实录》,北京出版社 1995 年版;符和积编:《铁蹄下的腥风血雨——日军侵琼暴行实录》,上下册,海南出版社 1995 年版;中国史学会、中国社会科学研究院近代史研究所编:《抗日战争》,四川大学出版社 1997 年版等。

② 符和积:《铁蹄下的腥风血雨——日军侵琼暴行实录》,第 30 页。

③ 禹硕基、杨玉芝、邢安臣:《日本帝国主义在华暴行》,辽宁大学出版社 1989 年版,第 250 页。

为教育后人，云南龙陵县在日军董家沟慰安所遗址上设立了陈列馆

（苏智良 2013 年摄）

“慰安妇”问题是日本国家犯下的战争罪行之一，向日本的学生讲述这段历史事实，有利于他们的健康成长，有利于他们树立正确的历史观，真正做到“前事不忘，后事之师”。否则，如果日本的青少年不了解战争的真实和日本过去的罪行，就不可能树立正确的历史观，就会与亚洲各国人民的历史观格格不入；试想这样他们长大后，会将日本引向哪个方向呢？

日本政府对"慰安妇"问题的立场

自1992年"慰安妇"问题被披露后，日本政府在相当长的一段时间里，矢口否认在"慰安妇"问题上有什么责任。日本政府的这一无赖立场遭到亚洲各国舆论的严厉批判，也受到日本国内有正义感的团体和人士的指责。迫于内外压力，1993年8月4日，日本内阁外务参事办公室终于发表了题为《关于战时慰安妇问题》的官方研究报告。同日，内阁官房长官河野也发表了声明，承认政府介入了建立慰安所。承认"慰安妇"缺乏个人自主权与性的自主权，承认对"慰安妇"的管理就像对奴隶的管理一样。"河野谈话"成为日本政府关于日军"慰安妇"问题的正式立场，被日本政府多次确认。此后，日本政府就"慰安妇"问题做了多次公开的道歉。最引人注目的是1995年7月，日本首相村山富市在第二次世界大战结束50周年集会上指出："战争的创伤依然很深"，"战时'慰安妇'问题便是这样的一种创伤，由于日军的介入，严重地玷污了许多妇女的荣誉和尊严，这是完全不能原谅的。我谨对她们——作为战时'慰安妇'——所蒙受的精神和肉体创伤致以深刻的歉意。这些创伤是永远无法愈合的。"

主张反省侵略历史、与邻国和睦相处的日本前首相村山富市先生

在90年代中期以来，尽管日本政府在各种场合多次作了公开的承认和道歉，但时至今日，日本政府仍然拒绝为日军建立"慰安妇"制度和经营慰安所的行为承担法律责任。相反，日本政府在回答"针对妇女暴力委员会"的报告时，强烈地否认它的法律责任。他们列举的理由是，第一，国际法的最近的发展和进步不能追溯适用。第二，奴役最不能准确描述慰安所的体制；根据二战时适用的国际法，禁止奴役尚不构成习惯性规范。第三，根据1907年第4号海牙条约或二战时期生效的国际法

的可以援用的习惯规范，武装冲突中的强奸行为并不在禁止之列。第四，战争法规只适用于日军针对交战国国民的行为，因此，不能涵盖日军针对日本和朝鲜国民的行为，因为朝鲜在二战期间是日本的属地。第五，关于赔偿问题，日本政府认为战后所缔结的双边条约中已经解决；“慰安妇”个人无权得到这种赔偿，任何个人的赔偿要求已经涵盖在二战后日本与其他亚洲国家签订的和平条约或国际协议之中了。第六，二战时涉及“慰安妇”的所有民事或刑事案件现在已经超过了追诉的时限。

倡导并主持2000年东京“慰安妇”民间法庭活动的社会活动家、著名记者松井耶依女士

1995年，日本政府为了平息亚洲各国原性奴隶对它的指控，缓解舆论的压力，成立了亚洲妇女和平国民基金会，基金会的宗旨是保护日本及世界各地妇女的人权，采取措施减轻当今妇女所面临的难题，为妇女提供辅导，赞助研究和学术探讨，举行针对影响妇女问题的各种会议等。对于“慰安妇”问题，基金会通过向日本大众认捐的补偿基金来向这些妇女表达日本民族的道歉和悔意。但日本政府不愿实质性地承担作为加害者的国家责任，不愿给予原“慰安妇”法律上的赔偿，而是企图通过亚洲妇女和平国民基金会来私下解决如此重大的战争遗留问题，这种暧昧立场理所当然要遭到包括中国在内的大多数亚洲国家的严厉批评，并遭到大多数受害者的拒绝和谴责。2002年5月，这个以三木武夫前首相夫人三木睦子为理事长的基金会宣布结束工作。

安倍晋三2006年第一次内阁以来，全面否认“慰安妇”与日本政府之间的关系和责任。宣传“慰安妇”是商业行为，与日本政府和军队无关。安倍曾在2007年3月和2013年10月两次提及，“在政府搜集的资料中没有发现直接反映军队和官宪强征慰安妇的记述”①。不仅如此，安倍还认为，“‘河野谈话’使日本背负了好像是日军诱拐女性强迫她们成为‘慰安妇’的耻辱，确实有必要重新修正‘河野谈话’。”②2016年1月18日安倍

① [韩]《联合新闻》，2015年5月7日。

② 参见南相九：《关于“河野谈话”修正论的批判研究》，《日军慰安妇问题国际学术会议论文集》(未刊)，2014年5月，第44页。

就在东京国会议事堂举行的参议院预算委员会上表示“协议并未承认日军慰安妇属于战争犯罪。”在安倍的带头下，日本右翼政客狂言频频，2013 年 5 月，日本维新共同党首、大阪市长桥下彻就妄言：“‘慰安妇’制度在当时是必要的。”翌日，石原慎太郎也称：“军队和卖淫是不可缺少的东西”。22 日，日本维新会党首平沼赳夫直接称“随军‘慰安妇’是‘战地卖淫女’”。

2015 年，日本政府发表蓝皮书。在与邻国的历史争议问题上，蓝皮书坚称，包括“慰安妇”问题在内，日本已经在法律层面“完全解决”了战后赔偿问题。蓝皮书还专门提及有日本主流报纸撤回了“强征慰安妇”的报道，试图以此混淆视线，否定强征“慰安妇”的历史事实。12 月 28 日，日本政府与韩国政府签订“不可逆”的协议，日本提供 10 万亿日元慰问金，解决“慰安妇”问题，但明确不承担法律责任。

日本国家在“慰安妇”问题上的法律责任

战争时期，日本在亚洲大规模地推行的军队性奴隶制度——“慰安妇”制度，是对国际法准则的严重违反和践踏。

一、侵犯了人权。自欧洲资产阶级革命以来，人权被称为人的天赋的、基本的和不可剥夺的权利。如英国1679年颁布的《人身保护法》和1688年的《权利法案》、美国1776年颁布的《独立宣言》和法国1789年著名的《人权宣言》等。尤其是《人权宣言》后来成为各资产阶级代议民主制国家所崇奉的经典性政治文件。其主要内容有：人生而平等，享有自由、财产、安全和反抗压迫的权利。具体而言，自由包括言论、著述和出版等自由，其行使以保证社会其他成员能享有同样权利为度。财产神圣不可侵犯，非因合法认定的公共需要，并经公平和事先的赔偿，不受剥夺。主权属于国民。实行分权原则，任何团体和任何个人不得行使主权所未明白授予的权力。法律为公共意志的体现，公民均有权亲自或通过其代表参与制定。在法律面前人人平等，任何人非于法定情况下并经法定程序不受控告、逮捕或监禁。动议、发布、执行或扣押者构成犯罪。承认法律不溯既往和无罪推定的原则。

南京1938年1月开设的慰安所，门前拥挤的场面

（《日支事变——上海派遣军司令部纪念写真贴》1938年2月版）

随着西方资产阶级国家的扩张，本来属于国内概

念的人权也进入了国际关系领域。战争期间,日本军队强虏敌国和殖民地的无辜妇女,强制大量的妇女向其官兵提供性服务,甚至不分昼夜地、肆无忌惮地进行蹂躏糟蹋,这严重地侵害了这些妇女的人权。

二、违反禁止奴隶交易的国际公约。在近代,殖民主义者从非洲大量掠夺黑人运至美洲以高价卖给当地的矿业主和种植园主。15 世纪后,欧洲诸国先后侵入非洲,在长达 3 个世纪的时间里,自非洲运出的奴隶总数高达 1500 万～2000 万人。在掠夺过程中,黑人备受虐待,死亡率高达 90%。有鉴于此,国际公约中开始制订谴责和制止奴隶贩卖的条款。如 1815 年维也纳会议的有关文件、1841 年的伦敦《制止非洲奴隶贸易条约》、1885 年的《柏林公约》和 1890 年的《布鲁塞尔公约》等。1919 年的《圣日耳曼公约》规定,签字国承诺,将设法完全消灭奴隶制度和海上与陆上的奴隶贩卖(日本是签字国家之一)。在国联的监督下,各国又于 1926 年制定了《禁奴公约》,再次作了重申,该公约把奴役定义为人所处于的一种状态,在这种状态下,他(她)的与生俱来的任何权利都受到了限制。这项公约随后便成为国际习惯法。而日本实施的"慰安妇"制度就是使妇女,尤其是使敌国或殖民地妇女沦为军队的性奴隶的获取、运送使用、买卖人身的制度,它再现了奴隶买卖的残暴与灭绝人性,因此,强制征集和使用"慰安妇"的各项行为都是违反《禁奴公约》的。

三、违反了人道法。人道法是指在武装纷争的行动和保护武装纷争牺牲者所决定的原则。对人进行广泛或系统的奴役被公认为反人道罪。1864 年签订的《日内瓦条约》(又被称之为第一次《红十字条约》),首次对此作了规定。此后,随着战争手段的发展、战争规模的扩大以及国际间关系的复杂化,逐渐形成了更为系统的法律体系。1906 年和 1929 年相继签署了新的《日内瓦条约》(即第二、三次《红十字条约》),此间的 1907 年还签订了海牙《陆战法规和惯例章程》。上述的条约和战后 1949 年 8 月签订的关于保护受难者的 4 个《日内瓦公约》一起,被综合称为"国际人道法"。其主要内容有:在战争中,不实际参加战事的人员在一切情况下应予以人道待遇,不得基于种族、肤色、宗教信仰、性别、出身、财产或其他类似标准而有所歧视。因此对于上述人员,不论何时、何地不得有以下行为:(一) 对生命与人身施以暴力,特别如各种谋杀、伤残肢体、虐待及酷刑;(二) 作为人质;(三) 损害个人的尊严,特别如侮辱与降低身份的待遇;(四) 伤者应予收容与照顾;(五) 未经具有文明人类所认为必须之司法保障的正规组织之法庭的宣判而遽行判罪或执行死刑①。

日本政府虽然没有批准《日内瓦公约》,但早在 1912 年就宣布加入了《海牙公约》。

① 参见劳特派特:《奥本海国际法》,商务印书馆 1989 年版,第 220 页。

该公约中的《陆战法规和惯例公约》规定:不得以任何方式攻击或轰击不设防的城镇、乡村和住宅;禁止在战争中的强奸、强制卖淫,并指出这是对于生命乃至家庭名誉的侵害。而且,国际人道法作为习惯法的组成部分,任何国家,不管它是否是签约国。只要它们违反了国际人道法的原则,就应承担相应的责任。

逃亡路上,儿女悲惨死亡,不禁使得这位母亲痛哭流涕

(荒井信一:《日中战争》)

纽伦堡法规第 6 条规定:"奴役与流放平民、对平民施加非人道行为均属于反人道罪。"远东国际军事法庭法规第 5 条也把奴役、流放奴工和其他非人道行为作为反人道罪。

"慰安妇"制度大量囚禁、强迫外国或殖民地妇女充当军事性奴隶,显然完全违反了上述公约及国际人道法规。如果考虑到日本当时的国内、包括军队内也毫无"人道"观念的情况,便可以理解日军为什么会实施如此多的反人道暴行。

四、违反了国际劳工组织制定的《禁止强迫劳动公约》。1929 年,国际劳工组织就许多殖民地国家强制居民离开家园,到偏远地区从事强制劳动一事向第 12 届劳工大会递交了报告书,呼吁国际社会对此引起应有的重视。接着次年通过了《禁止强迫劳动公约》。公约制定后,日本政府于 1932 年 11 月承诺加入。在二战期间,日军采用种种恶劣手段强迫中朝鲜、中国等国家的妇女远离故乡,到战火弥漫的战场或日军占领区,充当日军的性奴隶,受到非人的待遇。胁迫充当"慰安妇"就是一种严重的、特殊的强迫劳动。上述公约的第 11 条明确规定,禁止女性从事强迫劳动,因此,日本政府和军队实施"慰安妇"制度是难逃其强迫劳动的罪责的。对此,国际劳动机关(ILO)在 1997 年也曾明确指出"对慰安妇的虐待是绝对符合《禁止强迫劳动公约》所禁止的事项",因此,日本政府在法律上负有责任。

五、违反了国际惯行的保护妇女儿童权利的法规,违反了关于禁止妇女卖淫的国际法。

在早期的战争法规中，如最著名的1863年的里伯条约中，明确禁止在战时强奸或虐待妇女。1904年5月，世界主要国家在法国巴黎展开了争取妇女权利、禁止买卖妇女的国际会议，并通过了《关于取缔为经营丑业而买卖妇女的国际协定》。6年后的1910年，各国在该项协定的基础上通过了《关于取缔为经营丑业而买卖妇女的国际条约》。到1921年9月，各国又在日内瓦签署了《关于禁止买卖妇女儿童的国际条约》，1933年更进一步补充制定了《关于禁止买卖成年妇女卖淫的国际条约》。概而言之，这些条约的主要内容有三点：第一，凡以经营为满足他人情欲的丑业为目的，劝说、引诱或拐带未成年妇女（21周岁以下）者，虽已经得到本人的同意，将构成犯罪。第二，凡以经营为满足他人情欲的色情业为目的，使用暴力、胁迫、滥用权力及其他一起强制手段，劝说、引诱、拐带成年妇女者，将构成犯罪。第三、无论任何人，凡以在别国经营为满足他人情欲的色情业为目的，劝说、引诱、拐带成年妇女者，虽已经得到本人的承诺，将构成犯罪。

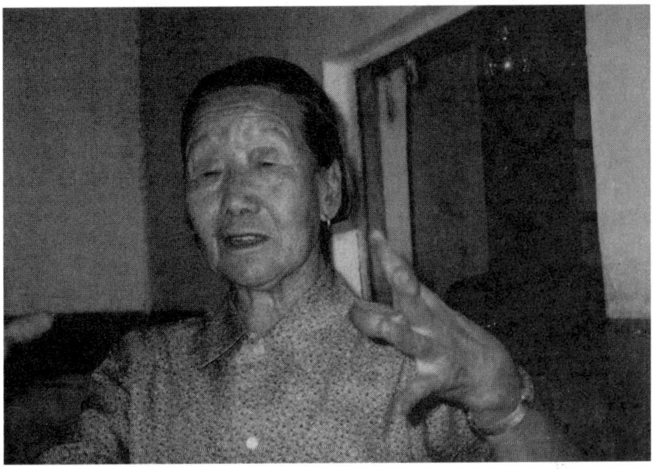

山西受害者李秀梅惨遭日军毒打，遍体鳞伤，身心遭受极大的伤害

（苏智良2000年摄）

对于以上四项国际条约，除了1933年的条约日本政府以国情不同为由未予批准外，对于其他三项条约均于1925年寄呈批准书，成为这些条约的成员国。不过日本在批准这些条约时，也曾利用这些条约中种族歧视条款和对殖民地的歧视等条约本身的漏洞，作了相当大的保留①。但尽管如此，日本作为国际联盟的创始成员国，理所当然必须遵守《国际联盟盟约》（1919年6月28日列入《凡尔赛条约》第一部），该盟约明确规定禁止贩卖妇女、儿童等。禁止买卖妇女卖淫在当时的世界上已经成为一种共识：使成年妇女卖淫而买卖妇女的行为，即便是在已经得到妇女自身同意的场合，也是一种犯罪。日本军队在

① 例如，1910年条约的第11条规定：该条约暂不在殖民地地区实施，如实施时，将以文件形式通告。1921年条约的第14条也规定：缔约国可以宣言的方式将殖民地等地区剔除在外。日本政府在批准加入这些条约的同时，曾发表宣言，宣布该条约的实施范围不包括朝鲜、台湾、关东租借地、库页岛南部地区等在内。

第二次世界大战中使用欺骗、劝诱、绑架等暴力手段强征“慰安妇”，毫无疑义的是属于“经营为满足他人情欲的丑业为目的”而买卖妇女的行为。而且大量的无可辩驳的证据证明，在这一过程中，自始至终都有日本政府和军队的参与，这当然是一种不折不扣的国际性犯罪和国家犯罪。

关于成年妇女的年龄，1910 年条约中规定为满 20 岁，1921 年的条约规定为 21 岁，日本政府当时以满 18 岁为成年作为保留条件而承诺了上述条约，但因受枢密院有损于“帝国体面”的责难而于 1927 年撤回了保留条件。也就是说仍承认 21 岁为成年的标准。而在日军征用的“慰安妇”中，除部分是年满 21 岁的成年妇女，还有大量的未成年女子。据日军的官方文件，曾征用 14 岁的台湾少女运至中国南方。在中国各地几乎都有未成年的日军“慰安妇”，云南、海南和广西等地的一些少数民族少女被掳掠为日军性奴隶时，年龄很多只十四五岁。

陈桂英被从上海诱骗到黑龙江的慰安所，成为日军性奴隶。这是她 20 岁的照片

（苏智良 2003 年摄）

六、“慰安妇”制度也是战争犯罪。20 世纪采用的最基本的国际战时公约——1907 年第 4 号《海牙公约》明确指出，所谓的战争犯罪，是指把战争当作主权国家权利的情况下，交战国军队违反战争法规和惯例的行为①，包括使用有毒或其他被禁用的武器，杀害或虐待战俘，攻击、掠夺和屠杀平民等。该公约第 3 条明文规定：“如果情势有所必要，违反本公约之《陆战规则》规定的交战者，应付出赔偿。该交战者应对其武装部队中一部分人员所做的行为负责。”1928 年的巴黎《非战公约》废弃以战争作为推行国家政策的手段，从而扩大了战争犯罪的范畴。

① 详见劳特派特：《奥本海国际法》，下卷第 2 分册，第 84 页。

作为非战公约内容，这些在二战时期已经确凿地成为国际习惯法了。纽伦堡审判法规第6条也规定，盟军以“战争罪”来判决若干战犯，“战争罪”包括在被占领领土上虐待平民或流放他们用于奴隶劳动或其他目的。在远东国际军事法庭法规第5条也含有类似条文。

在日本侵华战争中，日本基于政治（战争）、种族（歧视中国人）等目的劫掠、监禁、蹂躏中国各族妇女，剥夺她们作为人的尊严，驱使其成为日军的性奴隶，明白无误地构成了战争犯罪。而且，日本政府与军队有组织地实施“慰安妇”计划，使之制度化，从而使这一犯罪性质更加严重，危害更大。因此，即使从当时的国际法的角度来说，日本推行的“慰安妇”制度也是一种战争犯罪。

晚年的陈桂英生活在黑龙江东宁
（苏智良2003年摄）

那么，现在的日本政府是否需要对“慰安妇”制度负责呢？答案也是肯定的。根据国际法主体一致性原则，一国的新政府应对原政府的债务，包括违背国际法造成的损害承担责任，即政府债务继承。日本国宪法第98条规定：“日本国对签订的条约及已确立的国际法规，要诚实地遵守之。”现在，联合国人权委员会1996年和1998年的两次“慰安妇”专题报告均已明确认定前日本军国政府对“慰安妇”计划负有责任，则日本现政府应该也必须继承这一债务。事实上至今为止，日本政府并没有对这一继承性提出异议。以上也是中国及其他受害国民众向日本政府要求赔偿的国际法的根据。

联合国关于“慰安妇”问题的报告

“慰安妇”问题引起全世界舆论严重关注后，联合国人权委员会对此也较为重视，责成废除种族歧视委员会委员长泰奥·发·鲍比教授进行研究。1993年8月，鲍比教授向该委员会递交了报告书《关于对人权及基本自由重大侵害的恢复、补偿、康复的权利的研究》。指出，日本实行的“慰安妇”制度违反了人权和人的基本的自由，是对受害者的极大侵害，对此需要作进一步的真相调查。“根据国际法，不管什么人侵害了人权，就会发生被害者要求赔偿的问题。赔偿可由直接被害者提出，或在适当的情况下，由被害人家属、特殊的关系人提出。”因此，他明确要求日本政府对受害者进行赔偿，并追究当事人的刑事责任。该委员会决定继续调查，并研究防止这类践踏人权的事件的再度发生。

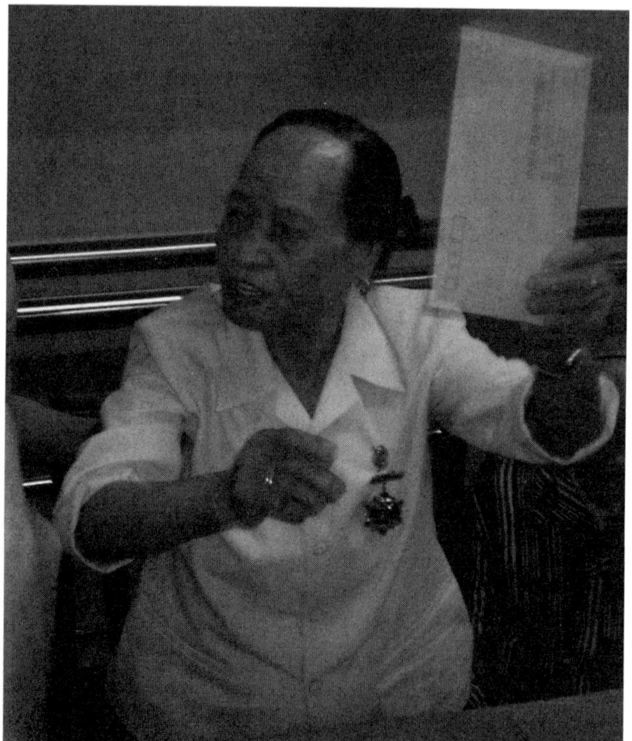

2007年，万爱花老人在上海控诉日军的暴行

（苏智良2007年摄）

1995年7月13日，人权委员会委员林达·卡佩斯在该委员会第47会议上作了《军队“慰安妇”问题的报告》，他在报告中写道：从1932年到二战结束的期间里，约有20万妇女被日军强征卖淫，日军对慰安所的设立、运营和管理负有责任。这些“慰安妇”的大部分是朝鲜

出生，此外还有日军占领下的中国、印尼、菲律宾及其他的亚洲国家；她们多是11岁到20岁的少女，为征用这些女性，日军使用了暴力、诱骗、欺诈等手段，以向官兵提供性服务。根据原“慰安妇”的证言，她们每日都必须接受多次的强奸，造成身体损坏、患有性病等；有不少“慰安妇”在战争中死亡，战争结束时，有些人被退却中的日军杀死，另一些人则被遗弃。另外，该报告书对国家的义务和责任作了强调，指出：任何国家应承认违反国际人道、人权法的责任，承担对被害者赔偿的义务；这一义务包含对侵害情况的调查、追诉和处罚，对加害者实行适当的处罚以及对被害者提供赔偿；对被害者赔偿的权利应包含：既要与受到的损害大体相平衡，又要考虑把对原状的恢复、赔偿、复兴、满足及防范再度发生的情况包括在内；除对被害者以外，对其直系家属、家属的抚养及同被害者有特殊关系及其他个人，应能要求恢复有关的权利。

同时，应韩国等国家的要求，联合国人权委员会决定对日本战时招募“慰安妇”问题进行全面的调查，经遴选，任命斯里兰卡的女法律学家拉蒂卡·科玛拉斯瓦密（Radhika Comaraswamy）为特别报告官。1995年7月18日至22日人权委员会代表团访问了韩国，接着于7月22日至27日访问了日本，他们相继与两国的政府代表和非政府代表举行了一系列的会谈，并对一些“慰安妇”幸存者进行了直接的调查采访。朝鲜民主主义人民共和国方面也提供了书面材料。

1996年2月，科玛拉斯瓦密完成了名为《对女性施暴的报告书》，4月10日，联合国人权委员会一致通过了该项报告。报告书首先指出：日军在第二次世界大战中强制把朝鲜半岛等地的妇女抓去充当“慰安妇”，无疑是把她们当作“军事性奴隶”，而且把这种性奴隶移送他国，是“非人道行为”，因此，“把女性及少女诱拐为‘慰安妇’，并对她们进行有组织的强奸，显然是施于一般市民的非人道的行为，是对人类的一种犯罪行为”。

报告书要求日本政府承认这一罪行，并劝告日本政府以国家之立场向原日军“慰安妇”们进行谢罪和赔偿，对加害者予以惩罚。科玛拉斯瓦密还具体向日本政府提出了以下六点忠告：一、日本帝国陆军创立的慰安所制度违反国际法，政府应承担其法律上的责任。二、日本政府应对被抓去充当性奴隶的受害者进行个人赔偿。三、日本政府应公开有关慰安所及其关联活动的资料。四、对每位受害妇女进行书面的谢罪。五、在教育场所中，加深日本人对这个问题的认识。六、尽可能追究及处罚募集“慰安妇”和设立慰安所的责任人。

关于民间索赔问题，科玛拉斯瓦密在报告书中再次肯定了1994年国际法学委员会（ICJ）发表的有关“慰安妇”调查团报告书的基本观点，那就是：政府之间达成的赔偿协议，应该支付给政府，它并不包含基于被损害的个人的索赔权；因此，受损害的个人完全有权利要求加害国予以赔偿，这是任何国家政府或其他组织不能剥夺的。

对于联合国的这份报告书，欧洲国家表示欢迎，亚洲各国更是纷纷发表声明，要求日本承认罪行，尽快了结这一历史陈案。中国政府明确表示支持并与朝鲜和韩国等一道敦促日本政府“马上接受报告书中提出的劝告”。然而，日本政府却继续置国际舆论于不顾，公然抗拒各国尤其是亚洲各国的批评。尤有甚者，日本政府当局还绞尽脑汁对联合国的报告书进行抨击、抵赖。

此后，为敦促日本政府反省侵略战争，解决历史遗留问题，联合国人权委员会于1997年再度指定凯·麦克尔道格尔女士(Gay J. McIDougall)为特别报告人，对日本政府在战争中实施的慰安所问题再作深入调查。1998年6月22日，凯·麦克尔道格尔向人权委员会递交了关于“慰安妇”问题的报告《现代形式的奴役——有计划的强奸、性奴隶以及在武装冲突时的奴役行为》，和附件《关于日本政府对二战期间设立慰安所应负的法律责任的分析》。其主要内容如下：

山西受害者刘面换在战时受害的窑洞前留影，她勇敢地走向东京，起诉日本政府

（马建河摄）

第一，日本政府对于建立和实施“慰安妇”制度具有不可推卸的责任。日军普遍地、制度化地卷入了慰安所的建立和运作，日本政府负有战争责任。这一事实证明日军高级官员实际上完全知晓慰安所的存在。

第二，战争的个人责任问题。首先，军官和政府官员必须为指使部下在实施“慰安妇”制度中所起的作用承担责任。其次，曾在“慰安妇”制度实施中有不法行为的日军官兵个人必须对他们所造成的伤害承担法律责任。只要证据充分，这些个人必须绳之以法。

第三，在战后日本与亚洲各国缔结和平条约时，隐瞒了它直接介入建立慰安所的真相，之后又以签订了这些条约为口实以逃避其责任，是不妥当的。事实上，由于日本的隐瞒，签字国当时根本不可能了解“慰安妇”问题的真相，而考虑到这一问题的索赔问题。

在香港举行的日军暴行听证会现场

（苏智良）

第四，对于战争赔偿的起诉问题，报告指出，对慰安所体系负有罪责的人员的起诉固然在日本进行最为合适。然，其他国家的法院也可以用以进行刑事审判，因为凡涉及奴役罪、反人道罪及战争罪的案件，均存在“普遍司法管辖权”的原则。这一原则就是任何国家都可以对这类案件的罪犯进行检控。

第五，赔偿问题，日本政府有责任和义务必须为“慰安妇”所受的暴行进行赔偿。赔偿方式应该是日本政府向原“慰安妇”进行个人赔偿，特别是日本没有任何理由禁止中国国民向其要求赔偿。另外，也可以由受害的国家出面代表其公民进行索赔，为此，这些国家应该组建向受害者分配赔偿的机制。

这种检控和索赔并不受任何时限的限制。反人道罪和战争罪是不受时间限制的。联合国在1953年发表的一项关于罪犯的国际司法管辖权的报告指出,现行国际法不存在时限概念。同时,条约法也指出,对于粗暴践踏国际法的罪行,诸如战争罪、反人道罪等,国际社会不以时限为由禁止起诉。

第六,报告书提出日本政府每年至少两次向联合国秘书长提交报告,汇报其在辨认及赔偿"慰安妇"以及将违反者绳法的进展,这类报告且应分发于日本国内外,尤其须分发给"慰安妇"本人以及她们所住的国家。

报告建议联合国成立确保刑事起诉的结构:逐一访问受害人,将案件送交日本检察官,与其他国家和幸存者一起合力指认、逮捕、起诉犯罪者,帮助有关国家发展立法允许按律起诉,并建议成立提供法律补偿的机构。

参加2000年东京"慰安妇"民间法庭活动的中国大陆检察官周洪钧、管建强、龚柏华、康健、陈丽菲等

(苏智良2000年摄)

最后,报告书指出:

战争已经结束了半个世纪以上,此种问题仍未解决,正是妇女生命仍然受到贬值程度的证明。令人伤感的是,未能及时处理二战中大规模的性犯罪,已经增加了今天类似性犯罪的免罚程度。日本政府确实采取一些步骤,向至少10万在慰安所

受难的妇人道歉及赔偿。但是,日本政府不完全地接受法律责任以及此种责任的后果,都是完全不充足的。现在必须在日本政府身上来采取必要的最后措施提供补救。

当这份报告书于 1998 年 8 月 7 日向联合国大会递交后,得到中国、韩国、朝鲜和东南亚等地"慰安妇"制度受害国的高度重视,他们充分肯定了报告书的成绩。唯一的例外是,报告书遭到了日本方面的强烈不满,例如日本主要报刊之一的《读卖新闻》就曾以《损害联合国权威的"慰安妇报告"》为题,发表措辞强硬的社论为日本辩护,声称日本如受此谴责,那么美国也应为占领日本期间的"类似行为"负责。日本右翼势力更是群起攻击,日本农林水产相中川昭一便迫不及待地发表了"从军慰安妇并不带有强制性"的言论。

当然,麦克尔道格尔的报告书远非十全十美。稍感遗憾的是,麦克尔道格尔的报告仍认为日军的"慰安妇"有 20 万人,其中最多的是朝鲜人,但也包括中国大陆、荷兰、印尼、日本菲律宾和台湾妇女。当然之所以报告书会有此疏忽的主要原因是,此前人们对中国战场上的日军慰安所,尤其是对日军掳掠大量中国妇女充当性奴隶的状况没有深入的研究和广泛的报道。中国政府和中国学者没有及时地向国际社会发布调查研究的成果,所以我们也有责任。笔者团队长期的研究和调查表明,被强制为日军性奴隶的妇女中,中国妇女的人数最多,至少有 20 万人,整个战争期间,日军的性奴隶总数达到 40 万人以上。所以,中国是日本"慰安妇"制度的最大受害国。

1999 年 6 月,联合国"慰安妇"报告起草人凯·麦克尔道格尔促请日本赔偿"慰安妇"和惩罚犯罪者。她指出,"慰安妇"事件是"历史上战时有系统强奸和性奴役的罪大恶极案件"。她在有关她的报告日文版介绍会上告诉 200 名听众说:"真相的重要性不会因时间而消逝。""必须大力反击重写历史和否认事实的做法。"她指责日本没有真正承认这个暴行的严重程度①。

---

①《联合国报告起草人促日本赔偿慰安妇》,法新社 1999 年 6 月 3 日。

各国“慰安妇”幸存者对日本政府提起的诉讼

韩国是对“慰安妇”问题研究开展的最早的国家之一。80年代后期，梨花大学教授尹贞玉就提出了“慰安妇”问题，1990年11月韩国成立了韩国挺身队对策协议会，对幸存者进行调查，并协助她们进行诉讼。前后共找到191名幸存者。她们对日本政府作了多次起诉。

第一个站出来指证日军性奴隶制度暴行的金学顺老人

（《朝日新闻》1991年12月6日）

1991年12月6日，韩国以金学顺为首的原“慰安妇”3人、原“慰安妇”的家属等共16人向东京地方法院起诉日本政府。次年春，又有文玉珠、沈美子等3名原“慰安妇”幸存者也加入了原告团。每个原“慰安妇”要求赔偿1000万日圆。6月1日当法庭进行第一次口头辩论时，这些“慰安妇”幸存者穿着白色的朝鲜民族服装出现在霞关的法庭上。

其中最引人注目的是釜山判决。1992年12月25日，在釜山居住的原韩国女子挺身队队员4人，在日本山口地方法院下关支部控告日本政府把殖民地女子作为性奴隶征用，当时最小的仅12～13岁。她们要求日本国会作公开谢罪，并赔偿3000万～1亿日圆。1998年4月27日，该法院判决日本政府违法，责令其向原告每人赔偿30万日圆。尽管赔偿金额极少，但这毕竟是日本法院第一次判决原“慰安妇”胜诉。

此外还有一些在日生活的原韩国“慰安妇”，也勇敢地站了出来。如宋神道老人，于1993年4月5日在东京地方法院提起公诉，前后经过20次法庭辩论。日本中央大学教授吉见义明、金泽大学教授五十岚正博和史学家藤原彰、川田文子等均向法庭提出了意见书，要求法庭判定日本政府有罪，但至今仍无结果。

印度尼西亚也有不少妇女被强迫充当军队性奴隶。近年来，在印尼法律扶助协会的号召下，共有559名幸存者站出来承认曾有过这悲痛的遭遇。经调查，至今为止，印尼全国共有22481名妇女曾担任过"慰安妇"，她们90年代的年龄在66岁到81岁之间。幸存者的生活水准极其低下，她们要求日本政府必须对此谢罪，支付赔偿费，并对犯罪责任者进行处罚。

菲律宾日军"慰安妇"幸存者 Estelita Basbano Dy 曾到世界各地控诉日军暴行

（苏智良2016年摄）

菲律宾"慰安妇"幸存者46人于1993年4月在东京地方法院起诉日本政府，在长达数百页的起诉书中，幸存者痛苦地回忆非人的遭遇和折磨，要求根据国际人权法，判决日本政府犯有战争罪，并对原告进行赔偿。但，1998年10月9日，法庭以即使是国际人权法，起诉的理由也没有根据而不予审理。原告在10月23日遂又向东京高等法院提出上告。

中国“慰安妇”幸存者控诉日本政府

自“慰安妇”问题浮出水面后，中国的一些原日军“慰安妇”幸存者便勇敢地站出来，要求伸张正义，讨回公道。特别是山西盂县的老人走在了申诉的前列。抗战时期，日本华北方面军第1军独立混成第4旅团侵入盂县，他们派了一些分遣队在进圭村、西烟镇和河东村等地设立了炮楼，日军强拉当地妇女进据点充当性奴隶，现在已经确认的被迫充当“慰安妇”的至少有50名，当时她们最年长的仅25岁，而最小的只有13岁，这50名妇女中有20名活了下来。自90年代后，她们便勇敢地走上了国际社会的舞台，去申冤报仇。

1992年7月7日，也就是日本军国主义发动七七侵华事变55周年的日子，山西盂县的4名“慰安妇”幸存者刘面换、卢冬娥等，打破近半个世纪的沉默，通过一个民间组织，向日本驻华大使馆递交了一份请愿书。刘面换在申诉书中写道：

> 1941年，我与同村的冯壮香、张二荷一同被日本人强行捆绑到日军据点，履行了登记手续，明确为日本人提供“服务”。当天晚上便被人带到毛驴队长的住处，受到残暴奸污，以后被安排在汉奸的住处，同他们一起吃饭，夜晚就被轮流带到各处日本队长、小队长的住处供他们玩弄，并且在回到汉奸的住处又遭到众多汉奸的奸污。几天后，日本队长又让他们的属下日本兵多次奸污我们。少则几个，多则几十个。当时我还没有出嫁，一个刚满15岁的闺女，受尽了野蛮粗暴的欺侮，冯壮香、张二荷两个女人也同我一样，受到日本军人的无限制的强行奸污。①

她们要求日本政府对此道歉并赔偿5万至12万美元。这是中国受害者首次就“慰安妇”问题提出赔偿要求。

1992年12月9日，世界各国正义之士联合在东京举行首次“慰安妇”国际听证会。

① 转引自王钟伦、刘太亨：《国人依法起诉侵华日军》，海南出版社1993年版，第59～60页。

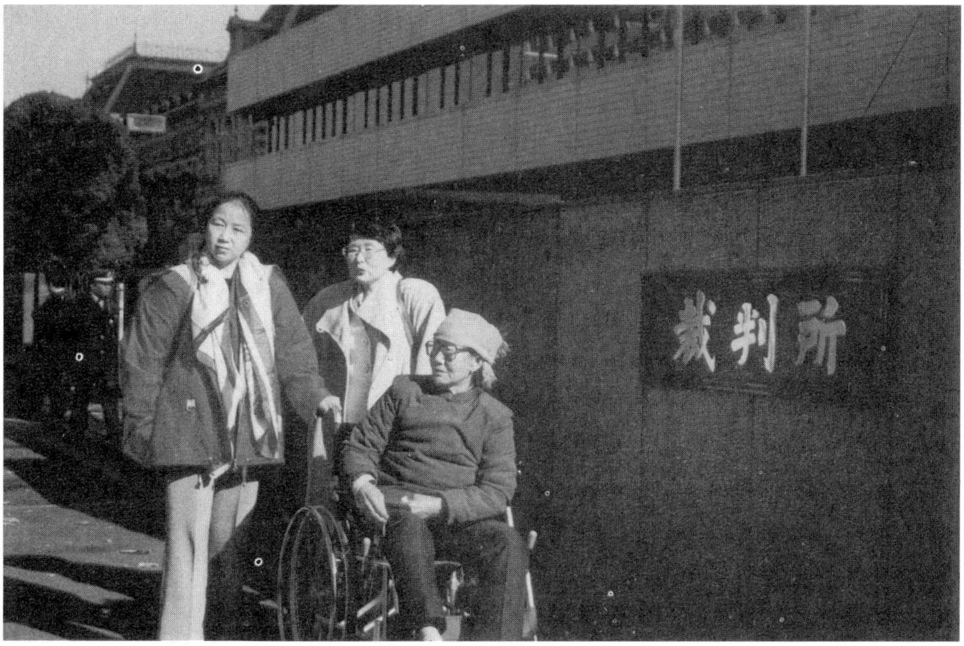

康健律师与李秀梅大娘2000年11月在日本东京地方法院前

（康健提供）

来自韩国、朝鲜、菲律宾、荷兰、中国大陆和台湾的原“慰安妇”幸存者作了证言。中国山西老人、65岁的万爱花走上讲坛，控诉日军摧残她的暴行，她声泪俱下，悲痛万分，竟当场昏死了过去。听证会不得不休会，日本为之轰动，这一惨景通过卫星传到世界各国。

1995年8月，刘面换、陈林桃等4名山西来的原日军性奴隶，首次向东京地方法院起诉，并要求日本政府向她们每人赔偿2000万日圆。

1996年夏天，中国政府支持北京市中元律师事务所主任康健律师等的努力，允许曾被迫充当“慰安妇”的中国妇女，到东京进行索赔诉讼。是年7月19日，来自山西省盂县的两位中国妇女——李秀梅、刘面换坐着轮椅被推进了日本东京地方法院（地方裁判所）的民事裁判第103厅，她们在法庭上控诉了战时被日军强制充当“慰安妇”的悲惨经历。这是东京法院在1995年8月接受中国原“慰安妇”损害赔偿案后，第一次允许被告亲自出庭作证。这次诉讼使原告增加到了6人。1998年7月，山西盂县的原“慰安妇”幸存者侯巧莲再度到东京法庭作证。

1998年10月30日，山西原“慰安妇”幸存者万爱花、赵润梅、高银娥、王改荷、赵存妮、杨时珍、杨秀莲、杨老太（匿名）、尹老太（匿名）和张老太（匿名）共10人（其中一人为受害者家属）联合向日本东京地方法院提起诉讼，诉讼案件名为《中国·山西性暴力受害者要求损害赔偿》，要求日本政府就“慰安妇”问题向她们谢罪并予以赔偿。原告律师团由4名日本律师组成，团长为日本律师中下裕子，日本的进步人士为此成立了支援会，负责人为小林千春。原告中包括了第一个到东京控告日本政府的万爱花老人，她自1992年以来，先后6次到东京、大阪、冈山等地出席控诉大会。这次，她与赵润梅、杨秀莲一起再次来到日本，在东京、名古屋、神户、冈山、广岛和大阪等地举行的听证会上作了控诉。1999年10月26日，周喜香、陈林桃老人作为证人出现在东京地方法院。她俩的血泪控诉使旁听者无不为之落泪。

与此同时，台湾的原性奴隶也向日本方面提出公诉。在妇女救援基金会的工作下，1999年7月以"阿珠"老人为首的9名原日军"慰安妇"向东京地方法院递状，要求日本政府赔偿和公开谢罪，并向每人赔偿1000万日圆。78岁的阿珠老人原是台北的歌手，17岁时被日本控制的当地区役所"抽签"中选，3天内到基隆港报到，此后被强制送到中国的广东、香港和新加坡、缅甸、越南，被逼为"慰安妇"达7年之久。战争结束后回到台湾，但一直无法过正常生活，40多岁才嫁人为小老婆，直到丈夫去世后，才将这段沉痛往事提出。台湾"慰安妇"的诉讼状厚达一百三十多页，日本8位律师免费义务为这些阿妈打官司。

中国政府对90年代初成为热点问题的"慰安妇"问题给予了相应的关注。

1991年，全国人大代表王录生联合其他代表向人大提出了要求日本政府对民间赔偿的议案。1992年，人大代表和政协委员又提出了要求日本政府对民间赔偿的议案。是年3月，中国外交部新闻发言人在新闻发布会上明确表示：抗日战争中的民间受害者可以直接要求日本政府赔偿损失①。中国驻日本国全权大使杨振亚明确指出：逼使妇女充当"慰安妇""是当年日本军国主义者在亚洲犯下的可耻罪行之一，有报道说，在中国妇女中也有受害者。我希望进一步查明事实真相，我们在注视这个问题"。3月23日，中华人民共和国外交部长钱其琛在谈到中国民间受害者的赔偿问题时指出：关于日本侵华战争所造成的复杂问题，日本方面应当妥善处理。4月1日，中共中央总书记江泽民访日前夕，在钓鱼台芳菲园回答日本记者关于索赔问题的提问时，再次重申了中方的立场和原则，指出："日本军国主义者发动侵华战争给中国人民造成了巨大损害。对于一些战争遗留的问题，我们历来主张应该本着实事求是、严肃对待的原则，通过相互协商，使这些问题得到合情合理妥善解决。"②7月4日，日本驻华大使馆向中国政府通报了有关"慰安妇"问题的初步调查结果，他们承认，调查结果表明日本政府参与了"慰安妇"的征召和管理。中国外交部立即表明了立场："无论今后日本采取什么措施，希望

① 《人民日报》，1992年3月12日。

② 《人民日报》，1992年4月2日。

日本把中国与韩国同样对待。"同年9月，国务院副总理吴学谦公开表示：民间赔偿和政府赔偿不是一回事，遭受战争创伤的中国人民通过正常渠道，提出他们的要求，是完全正当的。

2007年，上海师范大学建立中国"慰安妇"资料馆，这是开馆时观众的留影

1995年3月，钱其琛外长在全国人民代表大会上再度明确指出：中国尽管放弃了国家的战争赔偿，但是，并没有放弃民间的赔偿。1996年4月10日，在联合国人权委员会关于"慰安妇"问题的会议上，中国政府代表团副代表张义山对日军"慰安妇"问题发表意见时，再次明确指出："日本政府必须面对历史和现实，他们有责任对这一问题进行切实的解决。"

1997年9月6日，中华人民共和国主席江泽民在会见日本首相桥本龙太郎时明确指出："正确认识和对待这段历史是两国面对未来的重要前提。"

但是，战后，日本政府先是长期隐瞒其实施"慰安妇"制度的罪行的事实。后来虽承认有责任，但一直坚持战争的赔偿问题，已在战后的和平友好条约及中日两国间的声明中解决，并声称日本战后没有个人向国家索赔案例，在无法源可寻依的理由下，拒绝一切的国家道歉赔偿。根据国际法，日本政府必须为"慰安妇"所受的暴行进行个人赔偿。因为，国际法认为，个人也是国际法规定的权利及义务的承担者；当一个国家伤害了他

2016年10月25日，针对日本官房长官菅义伟反对上海师范大学建立“慰安妇”雕像的言论，中国外交部发言人陆慷指出：希望日本政要能到柏林去看看德国修建的欧洲被害犹太人纪念碑，如果能因此在东京也修建“慰安妇”铜像，可能有助于日本卸下历史的包袱，有助于赢得亚洲邻国的谅解

国国民时，它也同时伤害了该国民所属的国家，所以日本必须向受到伤害的个人进行赔偿。国际上这种个人向国家索赔的例子并不鲜见。《凡尔赛条约》就规定，个人可以向德国索取赔偿。《海牙条约》的第3条明确使用的是赔偿(Compensation)，而非补偿(Reparation)。在战后日本与亚洲各国签订的和平条约等文件中，并没有禁止个人因日军违反人权或违反人道主义法律受到伤害而提出索赔要求和权利。

另外，笔者必须指出，日本政府辩护的“慰安妇”索赔已超过时限的说法，也是毫无根据的。因为正是由于日本政府的百般阻挠，掩盖“慰安妇”问题的真相，才使得“慰安妇”罪行没有被及时揭露出来，这一问题的提出，实际上是从1992年才开始的。何况国际条约法明确指出，对于粗暴践踏国际法的罪行，诸如战争罪、反人道罪等，不以时限为由禁止起诉。联合国于1968年11月26日通过的《战争罪和反人类罪不适用法定时效公约》规定：战争罪和反人类罪不论何时所犯，均不适用于法定时效限制。1970年联合国大会第25届会议也曾通过决议，要求非缔约国不得进行任何与此公约的主要目的相违背的行动。1998年7月17日，联合国外交大会通过的《国际刑事法院规约》第29条也明确规定，种族灭绝罪、反人类罪、战争罪和侵略罪不适用任何时效。也就是说，对日本推行“慰安妇”制度的检控和索赔并不受任何时限的限制。而日本作为联合国的成员国必须遵守这些起码的国际关系准则和规约。

“慰安妇”等战争遗留问题也日益引起世界各国的关注。1995年，美国众议院在《关于日本的战争犯罪》决议中指出，日军在南京大屠杀中屠杀了30万以上的中国人，并在亚洲推行“慰安妇”制度；决议劝告日本政府必须对大屠杀的受害者及“慰安妇”性奴隶幸存者等被害者进行赔偿①。2007年7月30日，美国众议院通过日本强征“慰安妇”的

① 转引自日本《戦争責任研究》，第17号，第37页。

决议,作为日本的"最亲密的盟友"——美国也敦促日本承担责任,解决历史问题。2012 年 7 月,美国国务卿希拉里曾要求把日军"慰安妇(comfort women)"改称为"被强迫的性奴(enforced sex slaves)①美国参议院 2014 年 1 月 16 日表决通过了包括"慰安妇"问题的美国政府 2014 财年预算法案。这是美国国会参众两院首次通过涉及"慰安妇"问题的法案 4 月 25 日,奥巴马访问韩国时公开宣称,"'慰安妇'问题是极其恶劣的侵犯人权问题"。②

所以,日本政府现在必须正视过去犯下的战争罪行,对身心受到严重创伤的"慰安妇"公开道歉并予以赔偿,并进而对加害者进行严厉处罚。战后德国的赔偿做法也许可以供日本政府借鉴,德国政府认为,赔偿关系到对历史的认识,关系到国家的荣誉,是对国际法原则尊重的考验,是德国对国际社会重新接纳的基本道德前提③。令人遗憾的是,至少至今为止,日本政府所作所为恰恰与德国的相反,这种政治上的落伍和"没落"已令世界人民感到震惊。

90 年代以来,世界各国受害者纷纷到东京,起诉日本政府实施性奴隶制度的暴行,要求谢罪和赔偿。但这些起诉最终以败诉告终(见表 11),尽管如此,日本法院还是承认了对受害者的暴行事实。

表 11　1991—2009 年间各国"慰安妇"受害者起诉日本政府案件一览

日期	地点	原告	被告	结果
1991. 12. 6	东京地裁	韩国受害者金学顺等	日本政府	败诉
1992. 12. 25 1998. 5. 1 2001. 4. 12	山口地裁 广岛高裁 最高裁	韩国釜山受害者	日本政府	1998. 4. 27 一审驳回 2001. 3. 29 二审驳回 2003. 3. 25 终审判决驳回
1993. 4. 2 1998. 10. 23 2000. 12. 20	东京地裁 东京高裁 最高裁	菲律宾受害者 46 人	日本政府	1998. 10. 9 一审驳回 2000. 12. 6 二审驳回 2003. 12. 25 终审判决驳回

① 《朝鲜日报》,2012 年 7 月 9 日,引用于国际在线网,"希拉里要求改称'慰安妇'为'日军性奴'遭日本抗议",http://gb. cri. cn/27824/2012/07/12/5105s3765951. htm

② "奥巴马:'慰安妇'是可怕的人权侵害行为",韩国中央日报中文网,http://chinese. joins. com/gb/article. do? method=detail&art_id=118834&category=002002

③ 《对战争罪受害者的赔偿》,载《弗吉尼亚国际法》杂志 1972 年第 12 期;转引自龚柏华:《昔日"慰安妇"向今日日本政府索赔的国际法问题》。

续表

日期	地点	原告	被告	结果
1993.4.5 1999.10.7 2000.12.12	东京地裁 东京高裁 最高裁	受害者在日韩人宋神道	日本政府	1999.10.1 一审驳回 2000.11.30 二审驳回 2003.3.28 终审判决驳回
1995.8.7 2001.6.12 2004.12.27	东京地裁 东京高裁 最高裁	中国受害者刘秀梅、刘面换、陈林桃、周喜香	日本政府	2001.5.30 一审驳回 2004.12.15 二审驳回 2007.3.27 终审判决驳回
1996.2.23 2002 2005	东京地裁 东京高裁 最高裁	中国受害者郭喜翠、侯巧莲	日本政府	2002.3.29 一审驳回 2005.3.18 二审驳回 2007.4.27 终审判决驳回
1997.4.14 2000 2002	静冈地裁 东京高裁 最高裁	韩国受害者原女子挺身队	日本政府	2000.1.27 一审驳回 2002.1.15 二审驳回 2003.3.27 终审判决驳回
1998.10.30 2002.5.8 2003.4	东京地裁 东京高裁 最高裁	中国受害者万爱花等 10 人	日本政府	2003.4.24 一审驳回 2005.3.31 二审驳回 2005.11.18 终审判决驳回
1999.3.1 2005.3.9	名古屋地裁	朝鲜女子勤劳挺身队	日本政府	2005.2.24 一审驳回 终审判决驳回
1999.7.14 2002.10 2004.2.18	东京地裁 东京高裁 最高裁	中国台湾受害者大桃阿嬷等 9 人	日本政府	2002.10.1 一审驳回 2004.2.9 二审驳回 2005.2.25 终审判决驳回
2001.7.16 2008.12.25 2009	东京地裁 东京高裁 最高裁	中国海南受害者陈亚扁、黄有良、林亚金等 8 人	日本政府	2006.8.30 一审驳回 2009.3.26 二审驳回 2010.3.2 终审判决驳回

如果我们把眼光从历史转向未来，就可以清晰地感受到全球一体化的浪潮，在北美、欧洲和东亚三地的地区一体化运动中，东亚走得最慢，其中一个非常重要的原因，便是日本迟迟不能彻底解决侵略战争的责任问题，而求得亚洲诸国的谅解。1999 年 11 月 28 日，东南亚国家联盟和中日韩三国领导人在马尼拉发表声明指出：各国将依据《联合国宪章》、和平共处五项原则、《东南亚友好合作条约》，以及普遍承认的国际法准则处理他们的相互关系。这就要求日本政府必须尽快、妥善处理战争责任问题。

性奴生涯给受害者留下刻骨铭心的创伤，日本政府必须妥善处理这一战争遗留问题。海南黎族幸存者黄有良大娘

（郭一江 2014 年摄）

我衷心地希望日本政府能够顺应世界的和平潮流，公正地、彻底地、勇敢地解决悬挂了半个多世纪的战争责任和连带的遗留问题，并正确地进行历史的教育，以免日本民族再一次走到和平的对立面，与亚洲诸国携手进入 21 世纪并共同创造亚洲灿烂的明天。

日本政府是否有这样的决心与勇气？我们将拭目以待。

后　记

我自 1992 年关注“慰安妇”问题的进展以来，至今已有 7 个年头了。期间为对“慰安妇”幸存者的采访调查，为向有关部门说明这一研究的历史价值和现实意义，为争取各地档案馆所藏的“慰安妇”问题资料的公开，为成立中国第一个民间研究“慰安妇”问题的研究机构等，由上海到各地，由中国到海外，可谓甘苦备尝，辛酸自知。

丘培培、苏智良、陈丽菲合作的这本英文书，由加拿大英属哥伦比亚大学、牛津大学、香港大学三家出版社出版

关于“慰安妇”问题的研究，海外如韩国、朝鲜、东南亚诸国及中国台湾的研究者在各界的支持下，取得很大的成就，他们的成果为国际学术界、法学界等所瞩目，并为联合国人权委员会所采用。相比之下，我们中国作为日本“慰安妇”制度最大的受害国，作为“慰安妇”人数最多的国家，调查和研究显得很是薄弱和落后，甚至空白。为了给 20 万被强逼为日军性奴隶的同胞昭雪、申冤，为了填补这一抗日战争史上的空白，为了让中华民族的子孙不要忘记这 20 世纪历史惨痛的一页，是我进行这一调查研究工作的最大动力。

可喜的是，在各方朋友的支持

下，近年来这方面的研究有了改变和推进。我所申请的《中国“慰安妇”的调查》、《“慰安妇”的研究》分别被列入国家教育部、中国社会科学院中日关系史的研究项目。1999年3月15日，我们在上海师范大学成立了中国“慰安妇”问题研究中心，现正在联络各地的有志者一起致力于“慰安妇”幸存者的调查，尽管人手不足且经费拮据，但我们将继续这项调查和研究，并争取尽快编辑出版《中国“慰安妇”证言集》和《日军在华慰安所实录》等书籍。在此，我不仅要重复过去提出的建议：在中学、大学的历史教科书中写入“慰安妇”的苦难经历，在中文词典中增加“慰安妇”、慰安所的条目，各地的档案馆、图书馆须尽快开放所有的有关“慰安妇”的档案；而且我还要呼吁：建立中国的“慰安妇”纪念馆。现在，韩国已经在京畿道广州郡设立了“慰安妇”历史馆。最近传来消息，台湾也将在台北市中正区开设“慰安妇”纪念馆。中国大陆是日军“慰安妇”制度的最大受害地，我们没有理由不建立这样一个必须建立的纪念馆。我以为，中国“慰安妇”纪念馆的最佳地点就是上海的东沈家宅、江湾或东宝兴路（该路125弄、123弄为最早的日本海军慰安所“大一沙龙”）。

我要感谢郭俊鉌先生、林伯耀先生、吴天威教授、朱永德教授、谭汝谦教授，还要感谢韩国的尹贞玉教授、日本的三谷孝教授、林博史教授、笠原十九司教授、松冈环女士、松井耶依女士、西野瑠美子女士等外国朋友，及上海书店出版社的金良年先生对此项工作的支持，更要感谢那些身受日军法西斯战争大难的幸存者们，正是因为她们在古稀之

2016年5月31日，中国大陆、台湾与韩国、菲律宾、东帝汶、印尼、荷兰和日本等联合以“‘慰安妇’的声音”申请世界记忆遗产名录。这是国际委员会在签字后的合影，中国大陆代表为康健律师和苏智良，台湾代表为康淑华女士

年能勇敢地站出来,以自己亲身经历的苦难来揭露日军实施“慰安妇”制度的罪行,才使得日本军国主义的滔天罪行暴露于光天化日之下。尽管她们至今仍在不堪回首的回忆和贫病交加之中生活,但为了恢复自己的尊严和民族的尊严正展开着不懈的斗争。请让我们伸出双手吧!我们所能够给予她们的慰藉,便是通过斗争达到加害国、加害者的认罪和谢罪并受到惩罚、对受害者予以赔偿,将这段不堪回首的历史写入教科书,教育后人。

当代的日本正处在朝什么路走的十字路口。令人不安的是,在日本一种新民族主义思潮已经开始抬头。不仅有分布全国的840个右翼团体和12万成员(新法西斯主义者),不仅有炮制“‘慰安妇’公娼论”的右翼保守势力,而且也存在着接受这种谬论的广泛的社会心理基础,最好的例证就是石原慎太郎这样一个顽固否定日本政府对“慰安妇”问题有任何责任,且时常发出反华言论的人当选为东京都知事;在日本花费了123亿日圆新建的东京昭和博物馆里,却没有任何地方暗示日军曾侵入过亚洲国家,并发动太平洋战争;日本的新闻界、出版界越来越多地站在右翼立场说三道四,认为那场战争是正当的,对于“慰安妇”问题,也如同在南京大屠杀、战时劳工、细菌战、毒气战和人体实验等问题一样,日本政府一直坚持拒绝国家赔偿,并以此来推卸战争罪责。我们为日本政治上和民族道德上的“没落”而感到震惊。

2016年10月22日,“‘慰安妇’的声音”申请世界记忆遗产名录国际委员会在上海师范大学举行会议,并在中国“慰安妇”历史博物馆合影

(张亚运摄)

长期以来，日本政府对战争罪行的清算是非常不彻底的。由于政界的误导，也造成了普通国民在历史问题认识上的偏差。虽然和平思潮仍是主流，但这种和平观更多的是建立在只对战争中日本受损失有深切体会的受害意识上，而很少意识到正是日本的侵略行为加害了中国等国才累及自身。因此，如何教育日本国民，尤其是青少年客观公正地认识历史，是非常重要的。如果日本年轻一代根本不知道日本在20世纪错在何处，根本不知道他们的前辈在第二次世界大战中的残暴行径，相反地他们以为尊崇着的是护卫自己民族的英雄，那么谁又能担保历史不会重演？不认罪、不处罚、不赔偿，本身就是再诱发战争、再诱发暴行的心理基础。

因此，让日本国民树立正确的历史观，还需要作大量的、长期的努力，这正是正直的日本史学家和中国等国学者的任重而道远的共同任务。

1999年9月于上海

再版后记

自 1992 年开始进行日军"慰安妇"问题的研究与调查，至今已 24 年头了。本书《日军性奴隶：中国"慰安妇"真相》2000 年由北京的人民出版社推出，至今也已过去 16 年了。

中国的调查从 20 世纪 90 年代初开始，在一些省市展开，出力最多的有海南的符和积、张应用、陈厚志等，云南有陈祖梁、沙必璐等，山西有张双兵、李贵明、英豪等，黑龙江有韩茂才、宋吉庆，湖北宜昌孙维玉，上海师范大学团队及周新民、傅升等。期间日本的松冈环、西野瑠美子、吉见义明，韩国的尹贞玉等也曾参与一些地区的调查。这些调查使得部分地区的慰安所、"慰安妇"受害状况暴露于光天化日之下。当然最遗憾的是，我们没有实施全国性的、地毯式地调查，从而获取更多的日军实施性奴隶制度的罪证。

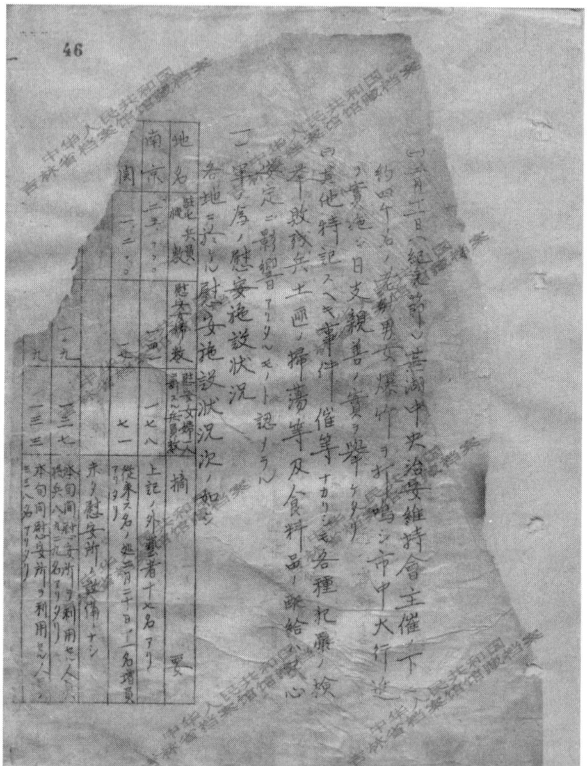

吉林省档案馆开放日军档案，这是华中宪兵司令部关于江南"慰安妇"的统计档案

这 20 多年，还有一个进步是"慰安妇"档案逐渐公开。本来档案文献是揭露日本军国主义侵略罪行最直接、最有力的证据，但事实上，我国的档案系统长期拒绝开放"慰安妇"档案；只是到最近数年

间，由于中日关系恶化，有关部门才允许开放和利用这些档案。2013 年 2 月，笔者有幸作为中央专家组成员，到吉林省档案馆鉴定关东军档案，才第一次亲眼看到大量的关东宪兵队司令部的珍贵档案，此前的努力全部失败。尽管是迟到的开放，但还是大大促进了该领域的研究，我期待档案部门能认真清理家底，更大限度地开放。

为了教育公民，揭露日本侵略中国推行性奴隶制度的暴行，新世纪以来各地陆续建立了数个“慰安妇”陈列馆、博物馆。2007 年 7 月，在纪念抗战全面爆发 70 周年之际，上海师范大学建立了中国“慰安妇”资料馆，此后，云南龙陵县建立了董家沟慰安所遗址陈列馆，黑龙江孙武建立了军人会馆陈列馆。经过 11 年漫长岁月的争议与讨论，南京市政府投入巨资，于 2015 年 12 月 1 日，设立利济巷慰安所旧址陈列馆。2016 年 10 月，上海师范大学的中国“慰安妇”资料馆升格为中国“慰安妇”历史博物馆。

南京利济巷慰安所旧址陈列馆于 2015 年 12 月 1 日开馆

最令人遗憾的是，日本朝野在“慰安妇”问题上的大倒退。以日本现任首相安倍晋三的立场为例，他在 2006—2007 年第一次首相期间的拙劣表演，曾令世界震惊，从而导致了美国、欧盟、加拿大、荷兰、韩国等议会、国会的决议谴责。近年的第二次首相任期中，虽然有所收敛，但错误观点并没有改正。在本次中国“慰安妇”历史博物馆和中韩“慰安妇”和平少女像建立过程中，更能看出日本政府的立场。

2016年10月21日，日本上海总领事馆的领事直接给我电话，非常无理地反对中韩“慰安妇”和平少女像。22日上午，和平少女像在上海师范大学草坪上落成，下午，日本外务省即直接向中国驻日本大使馆提出交涉。24日下午，日本内阁官房长官菅义伟出面对上海师大的少女像进行批评和攻击。25日下午，中国外交部发言人陆慷代表中国政府严正批驳日本的错误观点，指出面向未来的前提是要正视历史。强征“慰安妇”是第二次世界大战期间日本军国主义对包括中国在内亚洲受害国人民犯下的严重反人道罪行，至今仍然对受害者和亲属的身心造成严重伤害。历史不会因时代变迁而改变，事实也不会因刻意回避而消失。我们严肃敦促日方以对历史负责、对人类良知负责和尊重人权的态度，正视和反省日本军国主义对外侵略战争中犯下的严重罪行，以实际行动取信于亚洲邻国，取信于国际社会，希望日本政要能到柏林去看看德国修建的欧洲被害犹太人纪念碑，如果能因此在东京也修建“慰安妇”铜像，可能有助于日本卸下历史的包袱，有助于赢得亚洲邻国的谅解。

树立在上海师范大学草坪上的中韩“慰安妇”和平少女像

为什么说，日本社会在“慰安妇”问题也有倒退呢？这种表现也是十分明显的。在日本政府的策划下，历史教育方面，“慰安妇”内容已大大消减；舆论一律，指出“慰安妇”是日本国家犯罪的节目、书籍、文章，几乎绝迹。坚持究明历史真相的中央大学教授吉见义明被右翼起诉，坐落在早稻田的坚持传播“慰安妇”——性奴隶知识的日本“慰安妇”资料馆遭到右翼的炸弹恐吓。

当然，即使在倒退的日本社会中，仍有一些正义之士的坚持与努力。吉见义明教授为首的学者、作家、社会活动家等仍在通过演讲、著作、电视辩论等形式，展示真实历史、追究日本政府的责任。以渡边美奈领衔的日本团队勇敢地参加了2016—2017年“‘慰安妇’的声音”世界记忆遗产名录的国际申报团队。我们真诚地期待日本朝野能正确认识战争罪行和遗留问题，在历史认识方面与世界有共同的“价值观”。

最后我想交代一下，初版后记中提到的几位前辈，郭俊鉌先生已在台北作古，作为从上海迁至台北的出版家，他晚年一直在推动和支助抗战研究。南伊利诺伊州立大学的吴天威教授也已离世，他希望在美国建立大型的抗战博物馆正在成为现实。日本一桥大学的三谷孝教授、《朝日新闻》资深记者松井耶依女士因癌症而过早地离开了我们。就在上个月，我到韩国拜访了已91岁的、韩国“慰安妇”调查的首倡者、2000“慰安妇”法庭审判的推动者尹贞玉教授，老人尽管有病痛折磨，但精神矍铄，衷心祝愿她及其他的朋友保持活力，仙寿恒昌。

本书为国家重大项目“日本侵华战争‘慰安妇’资料的整理与研究”（13&ZD094）中期国家社科基金抗日战争研究专项工程项目“慰安妇”问题研究（16KZD007）成果、上海高校高峰高原学科建设计划资助（上海师范大学中国史学科）成果、南京大屠杀史与国际和平研究院规划项目成果。

苏智良于韩国釜山
2016年11月18日